私域社群营销

从引流到变现运营实战

张忠良 ◎ 著

Standard
Operating Procedure

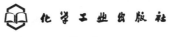
·北京·

内 容 简 介

社群营销具有获客成本低、流量转化率高、复购率高、转介效率高等优势，它可以让企业获得更多的数据资产、更多的交易量，并能反向指引产品的迭代。《私域社群营销：从引流到变现运营实战》介绍了社群的本质及分类、社群营销布局规划、社群定位、社群搭建的方法、用户活跃的本质及运营策略等内容，还介绍了策划线上和线下活动的详细流程，以及如何从零开始搭建社群运营团队。本书还提供了很多知名实战案例的详细拆解，读者可以深入学习、实践。

图书在版编目（CIP）数据

私域社群营销：从引流到变现运营实战 / 张忠良著 . —北京：化学工业出版社，2024.1（2024.11重印）

ISBN 978-7-122-44322-9

Ⅰ.①私… Ⅱ.①张… Ⅲ.①网络营销 Ⅳ.① F713.365.2

中国国家版本馆 CIP 数据核字（2023）第 197575 号

责任编辑：刘　丹　　　　　　　　　　装帧设计：李　冬
责任校对：宋　夏

出版发行：化学工业出版社(北京市东城区青年湖南街 13 号 邮政编码 100011)
印　　装：大厂回族自治县聚鑫印刷有限责任公司
710mm×1000mm　1/16　印张 15　字数 250 千字　2024 年 11月北京第 1 版第 4 次印刷

购书咨询：010-64518888　　　　　　　　售后服务：010-64518899
网　　址：http://www.cip.com.cn
凡购买本书，如有缺损质量问题，本社销售中心负责调换。

定　价：78.00 元　　　　　　　　　　　　　　　　　　版权所有　违者必究

导读

随着时代的发展，越来越多的企业开始做数字化转型。而私域社群是企业数字化转型的必选项目。已经有不少传统企业通过社群营销取得了非常不错的成绩，比如百果园，通过社群运营，其私域收入占整个线上收入的60%以上。除此之外，还有不少新锐品牌通过私域社群营销快速崛起。

因此，越来越多的企业开始布局社群营销，但实际效果并没有那么理想，真正吃到红利的还是极少数。其实，很多人对于社群营销的态度是比较复杂的。你不能完全忽视它，但是对这件事情又有点捉摸不透，听过不少案例和方法，可轮到自己的时候，时常感觉无从下手，抑或在落地的过程中感觉困难重重，内部缺资源，外部缺指导，最终陷入放弃也不行，上手又不会的窘境。

面对社群营销，眼看着同行都在入局，我们是否也要做这样的事情？我们该如何去分析？该如何去布局、制定社群营销策略？这成了所有人都必须思考的问题！

不清楚运营整体逻辑、模型，不知道为什么做，也不知道如何才能做得更好。追溯其本质原因，就是太多人追求所谓的术法，而忽略了心法的重要性。也就是说，你在还没搞懂社群运营本质问题的时候，就开始急功近利地追求具体的实操攻略了。要知道，所有术法层面的东西，都是会随着行业、产品甚至是市场环境的改变而变化，它是动态变化的。

如果想要真正运营好一个社群，我们还是要从本质上下功夫，拨开云雾，探寻社群运营的真正内核，去看一看，社群经济内核里包含着的长期不变的东西到底是什么，这才是我们构建社群价值的黄金之路，这也是我写这本书的初衷。

我深信，低成本的增长能力是一个企业的核心竞争力，而社群构建和经营能力是其中最主要的能力之一。相比线下的传统业务和传统的流量获客方式，社群营销具有获客成本低、流量转化率高、复购率高、转介效率高等优势，它可以让企业获得更多的数据资产、更多的交易量，并能反向指引产品迭代。

因此，我通过多年的经验积累，梳理了我做独立运营顾问以来，被问到的关于社群最常见的问题，并从中分析出社群运营模型、系统搭建、引流、激活、变现的实操方法，从底层逻辑出发，包括具体的策略、玩法等，与你一起探索社群运营的本质。

著者

目录

第一章 存量经济下的社群

第一节 社群的本质 / 2
一、什么是社群 / 2
二、社群聚合的目的是用户关系的递进 / 3
三、社群活力的本质是用户注意力 / 4

第二节 社群分类 / 5
一、产品型社群 / 5
二、兴趣型社群 / 6
三、品牌型社群 / 7
四、工具型社群 / 7
五、综合型社群 / 8

第三节 营销社群化趋势 / 9
一、什么是社群营销 / 9
二、社群营销的特点和优势 / 10

第二章 社群营销布局规划：社群运营管理全链路模型

第一节 社群运营的破局在于顶层设计 / 14
一、比运营更高的维度是什么 / 14

二、社群运营顶层设计 3 件事 ／ 15

第二节　社群运营管理 D-TE-MR 模型 ／ 16

　　一、AARRR 用户增长黑客理论模型 ／ 16

　　二、社群运营管理模型介绍 ／ 17

第三节　社群运营管理模型的三大环节 ／ 19

　　一、企业战略布局及营销规划 ／ 19

　　二、社群用户拉新 ／ 20

　　三、社群用户运营 ／ 21

第三章　社群定位：企业社群营销战略布局核心点

第一节　社群定位的 5W1H ／ 26

　　一、Why：业务逻辑梳理要明确 ／ 26

　　二、How：拆解运营指标，确定具体的战术 ／ 28

　　三、Who：社群运营的目标用户是谁 ／ 29

　　四、Where：社群运营应该在哪里建群 ／ 30

　　五、When：什么时候建群、群的生命周期是多久 ／ 31

　　六、What：社群价值内容输出 ／ 32

第二节　社群搭建的六大核心设计 ／ 35

　　一、如何设计社群运营的愿景 ／ 35

　　二、如何设计社群权益 ／ 36

　　三、为什么社群运营一定要设置门槛 ／ 37

　　四、通过社群管理制度有效延长生命周期 ／ 38

　　五、如何构建社群成员关系 ／ 38

　　六、社群新用户入群后该怎么破冰 ／ 39

第三节　社群矩阵搭建的三种方法 ／ 40

　　一、根据目标用户来搭建不同的分级流量池 ／ 40

二、根据产品/服务等内容进行社群矩阵搭建 / 41

  三、根据用户路径结合用户分层来进行社群矩阵搭建 / 41

第四节　最常见的社群用户分层模型 / 42

  一、RFM 模型 / 43

  二、用户个性化特质与需求区隔分层 / 47

第四章　社群裂变：从用户引流到裂变增长的流程

第一节　社群引流的五大核心 / 52

  一、Who：目标用户是谁 / 52

  二、What：你能为他们提供什么 / 52

  三、Action：具体的行为 / 54

  四、Channel：渠道的选择 / 55

  五、Tools：社群运营工具 / 56

  案例：教育培训机构社群引流活动节奏把控 / 56

第二节　社群冷启动方法 / 58

  一、社群冷启动的业务流程 / 58

  二、360 建群原则 / 59

  三、获取精准种子用户的 4 种方法 / 60

  案例：2 天裂变出 1500 个种子用户 / 61

第三节　社群裂变的四大驱动力 / 63

  一、社交驱动 / 64

  二、信任驱动 / 64

  三、效率驱动 / 65

  四、资源驱动 / 66

  案例：社群裂变——3 天精准涨粉 5200 人 / 67

第五章　社群活跃：用户活跃的本质及运营策略

第一节　社群活跃的本质 / 70
一、实现用户关系的改变 / 70
二、品牌方在用户关系递进中的角色 / 71

第二节　社群活跃的后端运营：栏目化运营攻略 / 72
一、栏目化运营 / 72
二、常见的社群栏目化划分 / 73

案例：薄荷阅读付费社群栏目化制定策略 / 75

第三节　社群活跃的前端运营：创造"4感" / 76
一、社群运营中的仪式感 / 77
二、社群运营中的参与感 / 78
三、社群运营中的组织感 / 79
四、社群运营中的归属感 / 80

案例：秋叶PPT社群是如何提升用户活跃度的 / 80

第六章　社群变现：价值交付实现营销转化

第一节　社群变现的本质是价值交付 / 84
一、社群变现是一种筛选机制 / 84
二、提供价值交付才能持续变现 / 84
三、价值交付的三个阶段 / 85
四、价值交付的核心 / 86

第二节　需求三角：破解社群用户消费者需求密码 / 87
一、需求三角模型的组成 / 87
二、引流阶段：重新规划购买路径 / 88
三、活跃阶段：让用户自己体验 / 89

四、变现阶段：助推下单 / 90

第三节　文案创作逻辑及公式 / **91**

　　一、好奇 / 92

　　二、诱因 / 92

　　三、解决方法 / 93

　　四、好处 / 93

　　五、号召 / 94

第四节　社群运营不同环节的布局和执行 / **94**

第七章　社群活动：如何从0到1策划一场线上活动

第一节　社群活动目标拆解 / **98**

　　一、明确活动目标 / 98

　　二、社群活动目标拆解技巧 / 98

第二节　高质量社群活动成功的三要素 / **101**

　　一、社群活动的噱头和利益点设置 / 101

　　二、社群活动的文案创作 / 102

　　三、社群活动的玩法设置 / 102

第三节　社群活动节奏把控 / **103**

　　一、预热期 / 103

　　二、启动期 / 104

　　三、高潮期 / 104

　　四、收尾期 / 105

第四节　社群活动复盘 / **105**

　　一、回顾目标，分析各项指标的完成率 / 105

　　二、分析数据差异的原因 / 105

　　三、沙盘模拟 / 106

四、导出经验 / 107

第五节　如何从 0 到 1 策划社群训练营活动 / 107

一、训练营活动的关键要素 / 108

二、训练营活动 SOP / 109

三、如何利用"上瘾模型"提升完课率 / 112

四、群发售过程中，各个阶段的用户运营策略 / 113

五、社群训练营活动策划的注意事项 / 115

案例：斑马 AI 课快闪社群实战分析 / 116

第八章　社群活动：如何从 0 到 1 策划一场线下活动

第一节　社群营销线下活动类型 / 124

一、核心成员的聚会活动 / 124

二、粉丝见面会活动 / 125

三、线下授课、培训类活动 / 126

四、公益类活动 /`126

第二节　高质量线下活动的关键要素 / 127

一、明确社群线下活动的目的及主题 / 127

二、组建线下活动的核心团队 / 128

三、邀请"大咖"参与活动 / 130

第三节　如何策划一场社群线下沙龙活动 / 133

一、活动筹备期 / 133

二、活动启动期 / 134

三、活动预热期 / 137

四、活动进行时 / 137

五、活动复盘 / 138

第四节　社群线下活动落地执行的注意事项 / 139

一、现场组织注意事项 / 139

二、现场物料准备注意事项 / 141

三、活动报名及现场签到注意事项 / 142

四、嘉宾对接注意事项 / 142

五、活动冷场如何解决 / 143

第五节　线下活动沉淀成价值内容引爆线上社群 / 144

一、社群"沉淀"就是记录优质内容 / 144

二、线下内容沉淀引爆线上世界 / 145

案例：暖石学员同城线下聚会活动拆解 / 147

第九章　社群品牌：IP 打造

第一节　社群品牌化阶段如何打造社群爆款 / 152

一、社群品牌化阶段的品牌策略 / 152

二、社群爆款产生的阶段 / 153

三、社群爆款打造流程 / 155

第二节　社群品牌 IP 化的途径 / 157

一、社群人格化 / 157

二、社群品牌 IP / 158

案例：书友会社群爆款助力吴晓波品牌提升 / 158

第三节　社群群主魅力人设打造 / 160

一、社群常见的人设 / 160

二、如何快速打造社群人设 / 163

三、社群人设塑造的注意事项 / 165

第四节　IP 落地用户清单工具 / 165

一、品牌人格化 / 167

二、老板领袖化 / 167

三、服务产品化 / 168

四、内容自媒体化 / 169

五、团队公关化 / 169

第十章 优秀社群运营者的必备能力

第一节 社群运营的第一思维：系统思维 / 172

一、什么是系统思维 / 172

二、系统思维对社群运营的重要性 / 172

三、如何在社群营销中心贯彻系统思维 / 173

第二节 社群运营中的用户思维 / 174

一、定位目标用户 / 175

二、明确用户画像 / 175

三、从用户最关心的价值点入手 / 176

四、持续培养用户思维的敏感度 / 176

第三节 社群营销中的会员成长体系设计 / 177

一、会员成长体系设计的两大理论知识 / 177

二、会员体系设计 / 178

三、会员体系运营策略规划 / 180

第四节 社群运营目标拆解 / 181

一、什么叫目标拆解 / 181

二、目标拆解的步骤 / 182

第十一章 社群运营能力的加分项：数据分析

第一节 社群运营数据分析体系的基础概念 / 186

一、数据指标和数据维度 / 186

二、关于数据的分类问题 / 187

第二节　社群数据分析体系搭建流程 / 188

一、设计用户路径图 / 188

二、梳理用户路径上的关键点及数据指标 / 189

三、数据接入 / 194

四、搭建数据分析框架 / 194

五、决策支持 / 195

第三节　最常用的两种数据分析模型 / 197

一、漏斗分析法 / 198

二、用户分层 / 201

案例：如何利用数据驱动社群运营放大用户价值 / 202

第十二章　从零开始搭建社群运营团队

第一节　搭建社群运营团队组织架构 / 212

一、社群初期的组织架构 / 212

二、社群组织三层级架构 / 212

三、如何保证社群组织架构更稳定 / 214

第二节　如何划分社群营销团队职能 / 215

第三节　如何设置社群运营 KPI / 217

一、社群运营管理是否一定要设置 KPI / 217

二、社群运营的 KPI 分类 / 218

三、有效驱动社群运营进行目标管理 / 219

第四节　如何制定社群运营 SOP / 220

一、社群运营 SOP 制定步骤 / 220

二、社群运营 SOP 四张表 / 222

三、社群制定 SOP 的注意事项 / 225

第一章 存量经济下的社群

想要做好社群营销，就必须先了解到底什么是社群。我们只有对社群有了足够的了解，才能有针对性地制定相应的营销方案，才有可能最终实现用户关系的转变，从而为企业带来长效价值。

第一节　社群的本质

当今整个互联网及互联网行业都在朝着圈层化发展。企业想要借助互联网的力量进行营销，就必须先把目标用户固定在自己的圈层里，也就是要先聚合用户，建立社群。

一、什么是社群

请选出以下哪些属于社群？

A.奔驰车主　　　　　　B.同一天去泰国旅游的人

C.学校的学生会　　　　D.某个品牌的高级会员

E.考研交流会

这道题的正确答案是 C、E。为什么？我们来仔细分析一下。

首先，A、B、D 三个群体都有相同的标签，符合群体的特征，但他们之间缺少关联性（既没有相关联的场景，也没有可供关联使用的工具）。换句话说，他们除了有相同的标签外，并没有形成稳定且持续的关联性。因此，无法形成社群。

而 C 和 E，他们不仅有相同的标签，还具有相同的关联场景（在同一个集体）和可供关联的工具（例如微信群、QQ 群，便于交流工作、经验等）。换句话说，他们之间的关系相对稳定且可持续。

用一句话来概括就是：社群是以一群人为载体，把一群拥有相同兴趣爱好和价值观的人聚合在一起，并且围绕这个共同点，进行不断的交流、互动。物以类聚，人以群分。人只有找到自己所属的群体，才会有安全感，才不会躁动和焦虑。所以，社群的主要目的是满足用户归属感。

二、社群聚合的目的是用户关系的递进

在传统的市场领域，企业与客户之间只是单纯的买卖关系，所以那个时候的用户基本等于客户。随着互联网的发展，各种新颖的营销模式出现，"用户"这个词也是这时候出现的。这时，企业所要服务的对象不再局限于客户。因为互联网的运作方式与线下截然不同，我们可以简单地理解：客户是指购买产品的人，但不一定使用产品，而用户则是指使用产品的人。当用户积累到足够多的时候，价值挖掘的机会就出现了。

在存量运营时代，企业把目标用户聚合在属于自己的圈层里，最根本的目的就是将目标用户培养成企业的铁杆粉丝。通过对目标用户进行价值内容等的输出，使企业拥有更多铁杆粉丝，这才是社群运营实现用户关系递进的最终目的。

需要特别注意的是，用户关系递进，企业最终获得的是铁杆粉丝，而不是泛粉。首先，铁杆粉丝必定是从核心用户中发展起来的，因为他们需要认可你的文化、价值观；其次，需要从情感和行动上给予你无偿的支持，在持续购买你的产品的同时，还会贡献自己的时间、精力，并乐意向你分享他的影响力，成为你的"义工"和"宣传员"，帮助你更好地宣传产品；最后，他们从内心深处与你荣辱相随，会帮助你收集、解决其他用户的问题，也会帮助你去培养和教育用户，并把他们发展成为新的粉丝、新的潜在客户等。

当我们运营社群的时候，如果只是注重具体的玩法，比如渴望通过裂变轻轻松松建几个百人的群，然后通过给予一点试用品、领张优惠券、上一节免费的课程等，就期望能够实现高付费的转化率，这个想法明显是不现实的。因为在运营过程中，你无法辨别这些动作、内容输出，是否有助于让你们之间的连接从弱关系扩展为强关系，是否有助于用户关系的递进。

之前笔者给一家企业提供运营咨询，这家企业规模不大，却拥有大大小小 2000 多个社群，总用户数 60 多万。这个数据对于绝大多数中小企业来说是非常耀眼的，但是其成交转化、价值产生却有点惨不忍睹！经深入了解后

发现，所谓的2000多个社群，其中90%可以被判定为"死群"。这就是非常典型的为了做社群而做！这家企业即使聚合了足够多的用户，也依然无法产生价值。

三、社群活力的本质是用户注意力

为什么有的社群可以一夜成交百万，而大多数的社群最终会变成"死群"？套用鱼塘理论来解释：想要在鱼塘里养鱼，你首先得确保有活水！活水才能养活鱼、养好鱼！所以，想要实现社群用户价值连接和关系升级，先要确保社群有足够的活力。

所谓的社群活力，本质上等同于用户注意力。你的社群能否引起用户关注，让其愿意花费更多的时间沉浸其中，决定了你的鱼塘内的活水质量，也进一步决定了你的连接是否有价值、能否实现用户关系的递进。

相信很多人遇到过这种情况，某一天，自己突然被莫名其妙地拉入一个社群。一进入这个社群，就看到群主刷屏式地发送信息，有些是疯狂发广告，有些会发一些看上去比较有价值的内容。但是不管哪一种，我的选择基本是很快退出来！即便偶尔碍于邀请我进去的朋友的面子，没有第一时间退出，我也会选择将群设置为"消息免打扰"。

于是，结果变成了虽然我依然在这个社群里，但是跟一条死鱼没有什么区别，我对于企业而言毫无价值，因为它并没有抢占我的任何注意力。

要知道，在传统的线下社群中，空间是一种容器，因为有了空间，所以社群才有了运营的余地。而在线上，时间才是容器。用户愿意为你花费多少时间，也就等同于把多少注意力交给了你。

可能会有人质疑，觉得自己的社群每天分享的都是非常有价值的东西。先不说你所谓的价值对用户来说是不是有吸引力，即便真的是好东西，在刚进入社群，彼此之间还处于弱关系的时候，没有人愿意在不熟悉你的情况下花费时间。

第二节 社群分类

随着互联网的高速发展，尤其是移动互联网的崛起，碎片化的实时在线与沟通成了一种常态。作为企业品牌价值凝聚的一种体现，社群迅速"火起来了"。再加上不同的定位和性质，社群的形式变得多样化。企业想要利用社群进行营销活动，就必须了解社群可以分为哪几类，然后根据自身所处行业的特征、产品性质等，选择更合适的社群类型。

一、产品型社群

在互联网时代，产品永远都是第一位的！当然，与工业时代相比，产品的功能和结构也发生了改变。产品不再只是一种承载功能的工具，还是情感的连接。

产品型社群，其实就是指一群人因为产品而聚合在一起形成的社群。优秀的产品会吸引大量的用户和粉丝群体，所以产品本身就是连接社群和用户的优质工具。市场营销、销售、粉丝管理等，都可以通过产品进行有效结合。产品不再是企业盈利的唯一手段，其可以通过产品与更多粉丝、用户进行连接，从而探索出更多的盈利方式。

对于产品型社群而言，只要产品一直能够吸引人，这个社群就可以一直存在。当然这仅仅是理论上的。在实践中，从社群的兴衰来看，仅依靠一款产品，是无法维持一个社群持续运转的。对于产品型社群来说，除了要思考如何提升产品本身的品质，还需要思考如何不断增加产品类型。

目前，产品型社群做得比较成功的有小米手机、酣客公社、完美日记等。这些社群可以说是产品型社群的成功典范。这些企业本身都有实体经营的产品，但又能颠覆传统的产品销售方式，利用线上社群的影响力和传播力，提升社群成员的参与度和活跃度,来反哺销售和营销端,最终为企业带来更多的利润。

二、兴趣型社群

兴趣型社群,顾名思义,就是用户被各种各样的兴趣吸引而聚合在一起形成的社群。这些兴趣包括但不限于体育运动、读书、娱乐、旅游等。

互联网突破了时间、空间的限制,让人们的社交形式有了无限的延展性,可以实现人与人之间的自由聚合。人们在网上冲浪时,总是会关注自己感兴趣的内容,并进一步找到一群兴趣相投的伙伴。在追求自由化、多元化、个性化的社群时代,即便是再微小的兴趣、再精细的需求、再细腻的情感,也都能找到同类的人。这些人聚集在一起,就很容易产生共同的话题。他们因兴趣而组成社群,又因社群互动而引起共鸣并进一步壮大。

兴趣型社群无论是在引流阶段,还是社群活跃阶段,都是相对比较容易操作的。具有相同兴趣爱好的人大多愿意加入社群,而且不需要组建者花费太大力气去活跃社群气氛:有共同的兴趣爱好,用户自然乐于交流和互动。

在裂变和传播环节上,因为兴趣型社群本身是一个庞大的交叉体,一个人可能会有多个兴趣,多个兴趣社群就可能存在相互重合的人,这可以有效加速兴趣社群的裂变与传播。甚至在多个不同的兴趣社群之间,相互串联从而形成一个更大规模的社交平台。因此,兴趣型社群也蕴含着巨大的商业价值。

由于需求的个性化和兴趣的多元性,兴趣型社群的种类也是最多的,它们各有各的优势。目前比较成功的案例,有创业类社群36氪、消费点评类社群大众点评等。

三、品牌型社群

品牌型社群，可以被看成是产品型社群的一种延伸，主要是消费者以品牌为联系的纽带，围绕品牌自发形成的社群组织。

在品牌类社群内，基于消费者对某一品牌的特殊情感，可以让该品牌所宣扬的形象价值、体验价值等与消费者的人生观、价值观等相契合，从而产生心理上的共鸣。所以，品牌型社群也可以被看成是一种全新的品牌营销模式。

品牌型社群强调品牌与消费者，以及消费者之间的各种关系。与传统的会员制强调的折扣与优惠不同，这类社群更加强调的是消费者的需求和情感表达。消费者可以通过参与品牌社群来分享知识、情感和物质方面的资源，甚至可以通过社群来构建和表达自己的个性，例如参与品牌社群活动、展示自己喜爱的品牌、发布与品牌有关的广告等。

对于企业来说，品牌型社群是连接消费者，发现用户需求、培养用户忠诚度最有效的工具，可以降低营销成本、提升品牌信誉度，并产生大量促进业务发展的创意。

品牌型社群在最开始发展的时候，大部分是以线下活动为主，例如比较知名的哈雷车友会，就是由一群喜爱哈雷品牌精神而凝聚在一起的车友组成的。通过哈雷大奖赛、哈雷故事会等，全球的哈雷车友聚集在一起。

随着互联网尤其是移动互联网的不断发展，品牌型社群也开始逐步向线上转移。目前做得比较好的，有完美日记、元气森林、瑞幸咖啡等。

四、工具型社群

工具型社群，严格意义上说，应该属于社群应用平台。例如微信、微博、钉钉、飞书等，主要是为人们进行高效交流而提供的基础性工具。

社群已经渗透到人们的日常工作、生活、学习中，成了一种普遍的日常状态。因此，社群的存在成了加强实时沟通的一种灵活、方便的工具。

例如越来越多的企业会通过企业微信群组织会议、协调项目和处理各种工作问题。每当有新项目成立时，也会第一时间成立一个专门用来对接的社群。整个项目的进度和问题处理，全部在群内进行沟通。等到项目完成时，根据实际情况解散社群。同学聚餐也会一起建立一个社群，以便进行AA制消费等，这样的案例数不胜数。因此，工具型社群主要具备应用性、灵活性和场景性等特点。

五、综合型社群

综合型社群可以包含一种或者多种类型的社群，像前面说的产品型社群、兴趣型社群、品牌型社群等，都可以包含其中。比较知名的如百度贴吧、豆瓣小组等，都可以被看成是这一类社群。

综合型社群往往在一开始的时候，是基于一个点而聚合形成的，可以是基于一个兴趣、一个话题、一个产品等，然后不断地发展，再逐步延伸出具备更多功能属性的综合型社群。

例如豆瓣，最早的时候仅仅是一个兴趣型社群，但是随着用户规模的不断扩大、内容的不断细分，豆瓣新增了许多新的细分社群，如豆瓣小组、豆瓣同城、豆瓣FM、豆瓣一刻、豆瓣阅读、豆瓣东西等。这时候的豆瓣可以被看成是一个包含了多种类型的社群，是集线下同城活动、影音推荐、小组话题交流、图书阅读等为一体的综合型社群。

所以，综合型社群也可以被看成是一个可以容纳大量不同类型社群的平台。事实上，如果说一个社群是指由某类特定内容和特定圈层的人共同聚合形成的一个集合，那么综合型社群就是由多个不同类型的社群，再进一步聚合形成的一个更大的集合。

从另一个角度来看，如果企业本身的产品SKU（Stock Keeping Unit，最小存货单位）够多，那么每一种产品可以聚合一群目标用户，从而形成一个产品型社群；企业可以把这些不同的社群共同聚合在一个更大的平台上，例如企业自己研发的 App，那么这个 App 平台就可以被看成是一个综合型社群。

第三节　营销社群化趋势

从传统营销到新媒体营销，其转变的核心是用户注意力的转移，也就是由流量迁移决定的。而互联网的流量又逐渐呈现圈层化，因此现代的营销模式就需要侧重圈层化，能够抢占目标用户的注意力，并把他们聚合在某个固定的圈层。这就是营销逐渐圈层化、社群化的根本原因。

一、什么是社群营销

什么是社群营销？概括来说，就是利用社群的基本特性，在互联网信息浪潮中，利用相同的兴趣、共同的目标等，连接更多目标消费者，引起他们的注意，并将他们固定在自己的圈层里；然后通过相同的关联场景、提供可供关联的使用工具等（例如线下活动，线上对话、群内和朋友圈互动等方式），进行深厚的情感培养、丰富的思想交流和价值共享等，让社群具备更高的凝聚力，从而完成用户教育的过程，最终将目标用户培养成企业的铁杆粉丝。

首先，把目标用户固定在自己的圈层里，其实就是指通过某个具体的载体来实现用户聚合。例如微信、微博、QQ、论坛，当然也包括各种线下社区等，这些都属于社群营销的载体。

其次，社群营销的最终目的，就是要改变用户关系，将目标用户培养成企业的铁杆粉丝。这个过程就是用户教育的过程。具体的方式是，通过相同的关联场景，提供可供关联的使用工具，进行用户与企业之间的情感培养、思想交流、价值共享等。

现在的消费者已经不再满足于对产品功能上的需求，而是对口碑、品牌、形象等精神层面有了更多追求。这些是需要有足够的信任为基础来建立的，而信任又是建立在共同爱好、兴趣、认知、价值观等基础上的。

因此，企业在做社群营销时，有两个关键点：需要先将用户聚合在一个合适的载体上；在教育用户的过程中，做好服务、价值内容的输出，例如由产品、试用体验、反馈分享、售后跟进、增值服务、行为激励等组成一条完整的生态服务链。

只有做好了这些，企业才有可能聚合更多的用户、培养更多对企业足够信任的用户，才能最终把社群营销的价值最大化。

二、社群营销的特点和优势

在新媒体时代，面对越来越碎片化的信息曝光，面对着越来越理性与成熟的用户，用户的需求变得越来越多样化。如何在第一时间抓住用户注意力，让用户体验到品牌的价值，成了一切营销的前提。

另外，营销在不断变革，从 4P 营销理论到 4C 营销理论❶，也就是从以产品为中心到以客户为中心。这种发展的本质原因在于市场的转变。以前是卖方市场，用户只能被动选择。随着商业社会的迅速发展，市场逐渐变成了买方市场，用户逐渐掌握更多的主动权和话语权，所以用户成了营销的中心。换句话说，营销必须以人为中心。而社群的存在本质就是以人为载体，以人为中心。

因此，社群营销是以人为中心，注重消费者，尤其是消费者的心理、行为、兴趣等为出发点来进行营销的模式。它主要具备以下几个特点：

（1）**弱中心化**。社群本身是一种扁平化、网状的结构，我们可以通过社群载体实现一对多、多对多的互动。社群虽然有组织者或者说发起人，但所

---

❶ 4P 营销理论，即产品（Product）、价格（Price）、推广（Promotion）、渠道（Place）；4C 营销理论，即消费者（Consumer）、成本（Cost）、便利（Convenience）、沟通（Communication）。

有社群成员都是可以在其中发表意见、表露情感的，彼此之间平等交流、平等碰撞。因此，传播就从单一模式走向了多重、由集中走向分散。中心化的概念在社群营销中被逐步弱化了。

需要注意的是，中心化的概念是被弱化了，但并没有完全消失。我们强调的是弱中心化，而不是去中心化。在社群营销中，需要关注每个个体，让中心人物变得没有那么重要，但并不等于不需要这个中心人物。

（2）**自行运转**。因为社群是弱中心化的，因此在一定程度上社群营销可以实现自我运转，包括互动、创造、分享等，甚至是进行各种产品和价值的生产与再生产。

在这个过程中，社群成员的深度参与和创造能力，可以催生出更多关于产品、服务和品牌价值的建议和反馈，使得企业可以不断优化自身，以创造出更符合目标用户需求的产品、服务等。

（3）**培养情感**。社群成员是基于共同的兴趣、爱好等聚合在一起的，因此成员之间很容易建立起情感连接。这种连接不仅是点对点的交叉，还包括多个点之间的网状连接。同时伴随着成员之间频繁、深度的互动，彼此交叉连接产生叠加，从而建立起更强的情感关系。

正因为社群营销具有以上这些特点，所以毫不夸张地说：社群营销天然具有巨大的优势，能够通过聚合目标用户，实现信息的高效触达，第一时间抓住用户眼球，并持续地以人为本，进行价值内容的输出，让用户获取信息省时省力，又能深度参与品牌营销互动。这就是社群营销相较其他营销模式拥有巨大优势的根本所在。

除此之外，社群营销还具备以下几项优势。

（1）**成本低**。相较于传统营销模式，企业动辄需要百万、千万元的推广费用投入，才能取得一定的效果来说，社群营销的投入产出比是非常高的。从搭建、运营、维护到推广，往往一年的预算也不过数十万元。这对于企业，尤其是中小企业来说非常合适。

（2）**效率高**。社群中价值内容的输出和互动都是双向的。社群成员既可以是信息的制造者，也可以是传播者。相比传统的营销模式，用户只能被动接收来说，社群营销可以更加高效地实现有效信息的触达，并根据用户反馈来不断优化价值输出的内容和方式。

（3）**精准性强**。传统的互联网营销中最主要的方式是搜索营销，这是一种定向流量的模式，根据用户属性、关键词搜索等方式，将内容呈现给用户。与之相比，社群营销是依靠人际关系进行信任培养，从而实现口碑传播。因此，相较搜索营销而言，社群营销更精准、更深入。

（4）**传播效率高**。社群营销虽然不能与大众媒体在传播范围上相比，但其目标用户精准，可以保证信息在固定圈层里的传播效率最大化，真正实现"一传十，十传百"。

第二章 社群营销布局规划：社群运营管理全链路模型

社群的本质就是要聚合更多用户，实现有价值的连接。在具体策略上，要以共同目标事件为载体，以情感流动为纽带，构建出足够强的社交关系，最终把目标用户培养成企业的铁杆粉丝，从而创造更多的商业可能。这是社群运营的底层逻辑。

第一节　社群运营的破局在于顶层设计

一、比运营更高的维度是什么

如果现在要盖一幢楼,第一步应该做什么?是打地基、买钢筋,还是搬砖、拉水泥?内行都知道第一步应该是画设计图。同理,社群运营也应该有一张属于自己的设计图,以便解决社群具体需要什么样的人、如何吸引这群人进来、这群人聚合在一起可以做些什么等问题。这张图就是社群运营的顶层设计。

很多企业在运营社群时把目光聚焦在如何拉新、如何促活、如何实现转化变现等问题上,这些其实都属于术法层面的问题。如果设计图本身就存在问题,那么即使工人技术再精湛,也很难完成大楼的搭建工作,即便好不容易搭建好了,也很容易倒塌。

如何绘制这张属于社群的顶层设计图呢?纵观市面上很多社群演化的轨迹,从小米到米家、从创业家到创业黑马、从逻辑思维到得到平台,我们可以清晰地知道,社群运营的最终演变是趋向平台化。如果企业真的想要创建一个有生命力和竞争力的社群,就必须要站在平台的高度,从平台的视角来系统思考社群存在的价值。

如果我们单纯地从社群层面来看社群运营,那么社群永远会被如何实现拉新、如何实现变现等问题所制约;如果从平台的高度来看,就会发现社群的真正价值并不在售卖产品这个点上,而是通过打造社群品牌,并依靠品牌的价值主张、愿景、使命等聚合一群志同道合的人,最终通过这群人去影响更多的人。

因此，可以毫不夸张地说社群是每个品牌与用户沟通的最短路径，其成本低、效率高，从弱关系扩展为强关系，可以帮助企业赢得无限的商业机会和发展空间。要知道，在任何一个时代，商业的本质都是为了完成一件事：建立信任，塑造品牌。

所以，比社群运营更高维度的事就是要学会从平台化的视角来看待社群运营这件事，只有真正想清楚了这件事，我们再回过头去看社群运营的顶层设计图具体该如何设计，才可以避免被战术层面的问题搞得头痛了。

二、社群运营顶层设计 3 件事

顶层设计本来是一个工程学概念，本义是统筹考虑项目各层次和各要素，追根溯源，统揽全局，在最高层次上寻求问题的根本解决之道。因此，想要做好社群运营的顶层设计，我们需要回归到互联网营销的本质上。

1993 年，乔治·吉尔德提出了梅特卡夫定律。这是一个关于网络的价值和网络技术发展的定律，其内容用最通俗的语言来形容就是：**企业连接的用户越多，企业就越有价值**。因此，衡量企业价值的标准就是连接了多少用户，与多少用户产生强连接。这也从侧面印证了流量规模等于企业壁垒的理论。

同样的，我们把梅特卡夫定律运用到社群运营中：一个社群的价值，取决于其能聚合多少量级的用户，并与这些用户产生多强的连接。对于企业而言，社群就是为了连接更多用户，并与之建立更强的关系。

除此之外，我们还需要意识到，整个互联网运营的底层逻辑，其核心是实现一个从流量到变现的闭环。不管是个人 IP 的塑造，还是营销模式的不断变革，都是为了更好地打通这个路径。因此，互联网及互联网企业最重要的就是先聚合流量，然后进行流量转化，最后完成变现。社群营销也不例外。

结合以上观点，我们追本溯源，用最底层的逻辑来看待社群运营，核心只有三件事：**聚合用户、用户教育、用户变现**。

聚合用户：完成用户引流工作，实现把目标用户聚合在一起，从用户关系的角度来解读，就是要与更多的用户建立连接，扩展弱关系。

用户教育：实现用户激活和留存，从用户关系角度来解读，就是从弱关系扩展成强关系，建立价值连接，逐步实现关系从目标用户到铁杆粉丝的递进。

用户变现：流量变现，也就是完成转化。这是一切营销模式的最终目的。

第二节　社群运营管理D-TE-MR模型

一、AARRR用户增长黑客理论模型

在正式讲解社群运营管理模型之前，我们先来理解一个非常著名的模型：AARRR模型理论。

AARRR模型是硅谷著名风险投资人戴夫·麦克卢尔（Dave McClure）于2007年提出的，也叫海盗指标、增长黑客理论模型、增长模型、2A3R模型、决策模型，如图2-1所示。

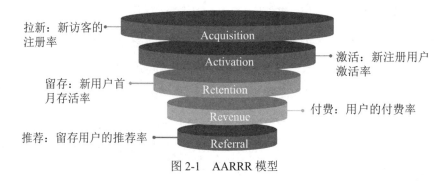

图2-1　AARRR模型

AARRR由以下5个单词的首字母组成，分别对应用户生命周期中的5个阶段。

用户获取（Acquisition）：用户从不同渠道找到你的产品。用户激活（Activation）：用户在你的产品上完成了一个核心任务，并有良好体验。用户留存（Retention）：用户回来继续不断地使用你的产品。获得收益（Revenue）：用户在你的产品上发生了可使你有收益的行为。推荐传播（Referral）：用户通过你的产品，推荐引导他人来使用你的产品。

2019 年，托马斯·佩蒂特（Thomas Petit）和贾博·帕普（Gabor Papp）提出 RARRA 模型。它是对 AARRR 模型的优化，可以说是一个反向漏斗的模型。它强调通过运营核心用户实现用户留存，先获取用户本身的价值，再通过用户帮我们转化新的用户，扩宽市场。RARRA 模型突出了用户留存的重要性，不再一味地关注用户增长。由此，企业的发展由野蛮的用户增长时代进入用户的精细化运营时代。

AARRR 模型最开始关注的是如何获取用户，所以其首要指标是获客数，而 RARRA 模型最重要的指标是关注增长——用户留存。RARRA 模型本质上是在 AARRR 模型的基础上进行顺序调整得到的，以满足获客成本日益增加所带来的压力成本。相比 AARRR 模型，RARRA 模型可以使得获客成本更低。RARRA 模型首先关注的是产品的留存情况。当产品的留存情况不好时，要优化产品的使用体验、功能和运营方式。当这三方面都得到优化提升时，接下来才是用户的活跃度以及商业化方面的尝试，等这些都做好了，最后再大规模推广产品，并转而关注获客数据指标。

不管是 AARRR 模型还是 RARRA 模型，本质上都是以用户增长为核心。而社群运营本质上是聚合用户，实现用户关系的递进，重点是用户教育。因此，我们无法将 AARRR 模型作为社群运营的基础，但可以以此为参考，构建属于社群运营管理的模型。

二、社群运营管理模型介绍

社群运营需要遵循"连接数量的多少和强度的大小，决定了社群价值"

这一原则。因此，整个社群运营管理模型可以设计成图 2-2。我们将该模型命名为社群运营管理 D-TE-MR 模型，可以简称为社群运营管理模型或 D-TE-MR 模型。

图 2-2 社群运营管理 D-TE-MR 模型

这个模型是一个运营管理的过程，用一句话概括就是，根据业务逻辑确定并分解运营指标，然后通过社群运营，即引流、激活和留存、变现这样一个路径，确保最终的业务指标的实现。

社群运营管理 D-TE-MR 模型可以分为四个模块。

模块一：业务逻辑和运营指标

这是整个社群运营的基础和先决条件。因为社群运营要根据企业的战略布局、营销规划的需求来开展。只有这样，才能知道这个社群属于企业营销环节中的哪一环，它能够帮助企业解决什么样的问题。

而运营指标就是根据业务逻辑进行拆解，从而获得明确、具体的社群运营目标，如通过社群运营实现销售额的提升、输出企业文化、聚拢粉丝打造 IP 等。

模块二：用户引流——D

这是引爆整个社群运营的引线，同时也直接影响着社群的生命周期。只要有源源不断的新用户被引入，社群就能保持长久的生命力。

那在用户引流（D，Drainage）模块中，我们要解决的核心问题包括企业需要引流什么类型的用户、从哪些渠道进行引流、具体的引流方式方法该如何设计、引流进来的用户又该沉淀到哪里等。

模块三：用户留存激活——T+E

这是提升用户黏性、培养用户忠诚度的核心模块。在用户留存和激活过程中，最重要的事情可以分为两点：目标事件（T，Target event）和情感流动（E，Emotional flow）。因为对于社群运营来说，想要激活和留存用户，本质上就是以目标事件为载体，以情感交流为纽带，与用户去建立更强的社交关系。社群运营的关键就是抢占用户注意力。所以，这两件事在流量池里最好是同时具备的。在具体的工作中，可能不同的节点会有不同的侧重点，但缺一不可。

模块四：用户转化——M

对于大部分社群运营者来说，最终的目标都是实现用户转化（用Money代指用户转化）。因此在这个模块中，我们需要重点思考的问题包括：如何设计用户转化路径、用什么样的产品来实现用户转化、具体的转化方式该如何选择等。

除以上四大模块之外，模型还包括社群运营中不可或缺的工具（Tools）的使用，以及社群自传播（Refer）。需要特别强调的是，自传播这件事不能单独放在某个环节，自传播应该是贯穿整个社群运营过程的，无论是在引流环节、激活留存环节，还是在变现的时候，都可以同步进行分享。

第三节　社群运营管理模型的三大环节

在实际业务中，我们可以将整个社群运营管理 D-TE-MR 模型划分为三大环节，分别是企业战略布局及营销规划、社群用户拉新和社群用户运营。

一、企业战略布局及营销规划

企业战略布局及营销规划由社群运营管理 D-TE-MR 模型中的业务逻辑梳理和运营指标、用户转化两大模块组成。业务逻辑的梳理和运营指标跟 D-TE-MR 模型中的用户转化（M）是挂钩的。我们要意识到，所谓的转化、成交并不只是钱，一些能够帮助我们实现核心目的的行为也可以被看成是转化，比如一些粉丝群实现产品曝光，让群成员进行内容转发等。

从另一个层面看，梳理并分析业务逻辑、拆解运营指标，其实就是来回答三个问题：为什么要建这个群（Why）？在哪里建群（Where）？什么时候建群，群的生命周期是多久（When）？

社群运营管理模型的第一个关键要素，就是做好业务逻辑数量和运营指标的拆解，同时明确用户转化部分的内容，包括变现模式及转化阶段需要做的重点工作。等这一头一尾确定，整个社群运营就定下了基调，对于中间的引流阶段、内容输出阶段、用户激活和留存阶段，我们就能很清楚地知道，在什么阶段应该产出什么样的内容，不同的价值内容输出又是为了实现什么目的等，也就是为整个社群运营具体工作的开展明确了一个大的方向。

二、社群用户拉新

社群用户拉新就是 D-TE-MR 模型中的用户引流（D）模块。在这个阶段，想要做好社群引流工作，其核心就是要做好社群定位。很多社群运营者在做引流的时候往往会用各种手段，短期内或许能吸引到一大波人入群，但是对于后面的内容运营和转化并没有太大意义。

社群要做好引流，或者我们常说的实现精准引流，首先要做好社群定位。只有你做好了这个，再配合具体的引流手段，你才能够源源不断地为流量池注入充满活力的鱼苗。

接下来，我们需要对引流来的用户进行筛选和匹配，也就是做好用户分析，给用户打标签，包括用户的年龄、性别、身份、行为模式、痛点分析、需求分析等。

为什么必须要有这一步？

首先是因为不同的社群都会有自己的核心目的，而同一个用户在不同类型的社群里，其活跃度是不一样的。

其次是同一类型的用户，因为需求和痛点不同，其行为模式也可能不一样。举个例子，你的目标用户是全职妈妈，有些全职妈妈可能对你的产品感兴趣，通过你的介绍最后下单购买，但有的全职妈妈对你的产品不感兴趣，但是对你策划的裂变活动感兴趣，她可以通过分享你的产品，从中赚取佣金。这就是同一个属性的用户画像可能产生不同的用户行为。

最后，在社群用户运营环节，我们可以根据不同的用户分层，设计不同的用户教育策略。

因此，在实际业务中，通常先把用户引流到个人号里，通过客服跟用户简单交流之后，再把其拉入社群。当然，除了利用企业微信客服号、个人微信号之外，我们也可以利用社群来完成这一步的工作，比如快闪引流群、返利促销群等，这类其实就是先建群，通过群内一对多的形式进行批量化筛选，然后再进行二次匹配。

三、社群用户运营

这一环节的主要目标是持续提升用户价值。我们能从用户身上挖掘出多大价值，取决于我们能将用户关系深耕到哪一层。因此，我们得先确保社群有足够的活力，也就是要想办法抢占用户注意力。

什么样的内容和什么样的互动，才能有效抢占用户注意力呢？答案是共同目标事件和情感流动。

共同目标事件：首先要有一个目标，其次要有某一具体事件来支持。比如学习，只能是事件，但不具备共同目标！而考取心理咨询师资格证，则是一个目标事件。比如读书群，读书只能算是一种行为，但是一年读完100本书则是一个目标事件。共同目标事件是指需要"我"来参与才可以，这样用户才会不自觉地关注这个群。

情感流动是指群里有着某个自己喜欢（或崇拜，或仰慕，或渴望与之交流）的人，也就是拥有着人与人之间的情感流动，人在群里能感觉到温暖、舒服或者好玩、有趣。

绝大多数社群在运营之初，最重要的部分就是设计共同目标事件，以强化运营者与用户之间、用户与用户之间，以及用户与目标事件之间的关系。通过共同完成某个具体目标，既能抢占用户注意力，又能强化彼此之间的关系。

为什么越来越多的社群喜欢打着学习的旗号？因为就线上社群而言，时间才是容器。你能让用户为你的社群交付多长的注意力，就能确保社群存活多久。

学习型社群首先具有周期较长的目标事件，毕竟学习是一个交付的过程，而不是一种交易的过程。同时，学习过程本身就会产生思想碰撞，从而进一步产生情感交融，这是一个自然过程，既不刻意也不违和。学习所形成的社交网络属于相对优质的社交关系网络。

当社群运营到一定阶段之后，共同目标事件的吸附力会减弱，这时候就需要有一种具有更强黏性的东西来吸引用户，纵观各类社群，生命周期最长的社群是哪一类？毫无疑问，是工作群和家人群！所以，比目标事件更进一步的就是情感！以情感为纽带，成员之间的信任关系会更强，用户对社群的忠诚度才会进一步提升，才能发展出更强的社交关系，最终不断深化用户关系，实现持续挖掘用户价值的目的。

因此，概括来说，社群用户运营环节就是以目标事件为载体，以情感流动为纽带，尽可能地发展出更多的强社交关系。

在具体执行层面，不管是社群活动策划、社群用户管理，包括积分体系设计、会员用户成长体系设计，还是日常的社群内容输出，都是为了能够更好地实现共同目标，以及使社群成员之间的情感升温。

从全局视角拆解的 D-TE-MR 模型，如图 2-3 所示。

掌握了这套社群运营逻辑模型之后，我们就能弄清楚社群运营的底层逻辑、它的整个运营路径。在具体工作中也能做到心中有数，知道自己该干什么、不该干什么，从而让自己的社群运营工作变被动为主动。

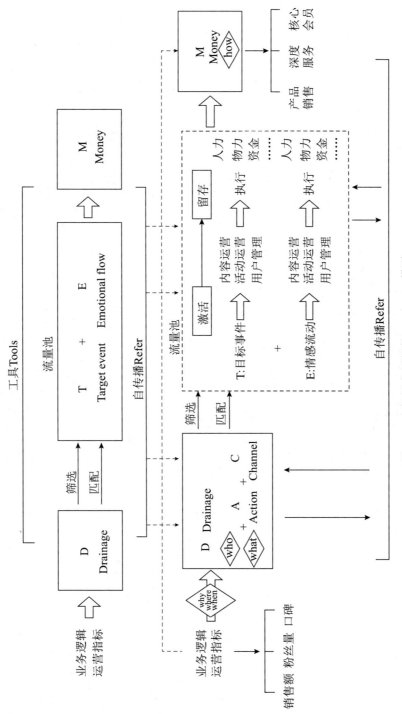

图 2-3 全局视角拆解的 D-TE-MR 模型

第三章
社群定位：
企业社群营销战略布局核心点

社群定位是整个社群运营管理过程的第一步，也是最重要的一个环节。毫不夸张地说，90%的社群之所以失败，都是因为社群定位出了问题。

第一节　社群定位的5W1H

讲到社群定位,可能很多人第一时间想到的是社群类型。例如是引流群还是转化群,是学习型社群还是分享型社群等。这些可以算是社群定位,但不是社群定位的全部。或者说,以上只是社群定位中具体落地的一部分,它只是属于术法层面的内容之一。与之相比,战略、战术层面的东西才是最重要的。

完整的社群定位至少包括三个层面:战略意图、战术布局及具体执行。

在社群运营管理 D-TE-MR 模型中,第一件事就是做好业务逻辑梳理和运营指标拆解。其中业务逻辑梳理属于战略层面,运营指标拆解属于战术层面,两者结合,才能有后面的落地执行。这就是完整的社群定位,这部分也对应了社群运营中的 5W1H。

5W1H,即 Why,为什么要建群;What,社群的价值是什么;Who,目标用户是谁;Where,在哪里建群;When,什么时候建群,群的生命周期是多久;How,社群运营的具体策略是什么。其中,业务逻辑的梳理是明确战略意图,解决了 Why 这个问题,而运营指标的拆解是确定具体的战术,解决了 Who、Where 以及 When 这三个问题。

一、Why:业务逻辑梳理要明确

企业的业务流程应该怎么梳理呢?我们从交易结构和交易对象这两个方向来梳理。通过对这两个方面的梳理,画出企业业务流程图,这样就容易判定社群应该在企业业务中处在什么位置。以"教育/培训"行业来举例。

通过图 3-1,我们可以很清楚地看到这家企业的整体交易结构,并且可以判断出该企业的交易对象有 4 个，分别是全职讲师、外聘讲师、企业客户及 C 端（指个人）客户。

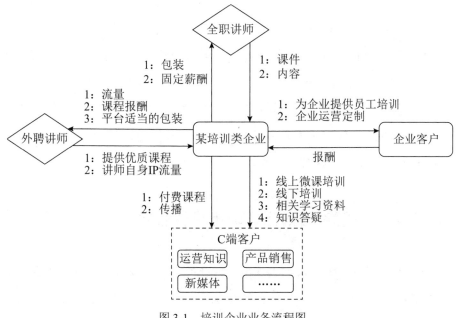

图 3-1　培训企业业务流程图

企业要建立社群，就需要明确这个社群的服务对象。对于不同的服务对象而言，社群的定位和作用会有差别。如果是针对 C 端客户，这个社群就应该是一个学习型的，作用是通过分享相关知识，进行相关课程的售卖。

在社群运营管理过程中，5W1H 六个问题贯穿整个 D-TE-MR 模型全链路。其中，业务逻辑的梳理就是来解决 Why 这个问题，也就是为什么要建立社群。

这个问题其实可以引申出两个细分问题：**是否有必要建立社群，以及建立社群的作用是什么**。这两个问题都必须根据梳理的企业业务流程来明确，只有这样，我们才能找到答案。

如何判断是否有必要建群？ 在这里简单罗列三种适合建群的标准，可以在此基础上进一步思考。

● 产品（服务）本身具有群体属性，适合用户一起玩，如跑步、打羽毛球、读书、钓鱼、喝茶等，但水果、枕头、耳机等就不具有群体属性。

- 产品（服务）所属的行业具有群聚属性。比如冲锋衣属于户外这个标签，户外骑行、爬山、野营都是一群人。Nike是具有群聚属性的典型，虽然卖的是鞋子，但是运动锻炼是群体属性，所以Nike+社群也是业界标杆。
- 能够针对产品的用户创造互动场景形成社群，如尿不湿、奶粉品牌针对妈妈群体组建育儿社群，容易聚集妈妈群体。

虽然现在社群运营很火，很多企业都在摸索这条路，但事实上社群未必适合所有企业。到底要不要建立社群，关键是看你的业务模型是什么样的，这也是先梳理企业业务流程的原因。

二、How：拆解运营指标，确定具体的战术

如果说梳理业务逻辑是为了理清社群在整个业务流程中的地位，属于战略层面的考虑，那么运营目标的拆解就是明确社群建立的目的，这算是战术层面的问题，需要根据前者的目的和地位来详细分解目标。

比如，教育/培训机构建群的目的是实现课程的销售，要实现这一目标，就需要先对目标进行拆解。常用的拆解方式是利用AARRR模型，将目标拆解为拉新、激活、留存、获得收益及推荐传播，我们建立的社群需要具备能够实现这几个目的的功能。

但一个群想要实现这么多的目的是不现实的，我们需要搭建社群矩阵，比如分别搭建拉新群和留存群。社群运营，可千万不要误以为就是建一个群，很多时候社群是由多个具有不同目的的群共同组成的！

讲到这里，我们大致可以明白，根据公司业务流程的梳理，确定社群的定位和主要承担的功能。然后再根据业务目标建立小的流量池，并给这些社群确定分解后的目标。这样我们的社群运营就变成了由运营拉新群、留存群、分享群等组成的社群矩阵，每个群都会有一个非常明确的目标，这些共同组成了企业社群运营目标（图3-2）。

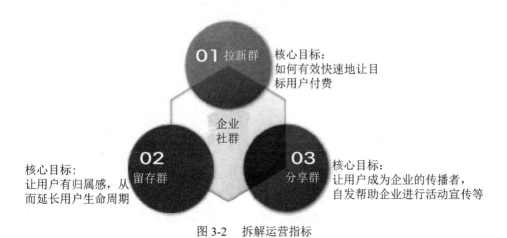

图 3-2　拆解运营指标

三、Who：社群运营的目标用户是谁

我们在梳理业务逻辑的时候，发现该企业的主要交易对象有四类，分别是 C 端客户、外聘讲师、企业客户和全职讲师。我们在搭建社群时，应该根据不同的交易对象来确定不同的用户画像。比如 C 端客户，就是对运营相关知识有学习需求的人；外聘讲师，是有能力提供优质课程的讲师；如果是针对企业客户，主要针对转型线上的传统企业，或者有员工培训需求的企业；全职讲师则是跟公司有劳务合同的内部讲师，属于企业员工的范畴。

除了明确目标用户之外，我们还可以通过这个业务逻辑，对目标用户进行进一步的细分，划分出泛目标人群、精准目标人群和优质目标人群。例如外聘讲师，所有可以提供优质课程的讲师都是企业的目标人群，那些本身就具有一定流量或者 IP 影响力的导师，肯定是优质的目标人群；针对 C 端客户，我们还可以结合外聘讲师、全职讲师提供的课程内容，对这类人群进行细分，如具有 0~3 年运营经验的新人、对产品运营有学习需求的人、对社群运营有学习需求的人等。

关于 Who 这个问题，其实有两个层面：第一个层面就是企业的目标用户，需要对他们进行用户画像和行为模式分析，了解他们的兴趣点及需求痛点；

第二个层面就是要意识到社群成员未必等同于目标用户。不同的群,其成员是不同的。比如一个拉新群,尤其是一个合格的拉新群,其成员一定不是只有目标用户,还包括潜在用户、关注用户等;而留存群的主要成员应该是以付费为主的客户。

这里面还可以再细分,比如通过1元体验课进来的付费用户、购买了线下训练营的客户等,这部分社群成员主要是从拉新群里面去吸收,不必再通过渠道推广来引流;而分享群这类社群,因为其目的是让客户通过我们的服务认可企业价值,从而自发地进行宣传,所以这类社群成员主要就是从留存群里面吸收。

另外,不同的社群,企业倾注的资源也应该是不同的。如拉新群,对于教育/培训企业而言,这类群没必要让老师、"大咖"进群,但是留存群和分享群则需要有一定影响力的老师、"大咖"坐镇。

四、Where:社群运营应该在哪里建群

社群可不是单单指微信群(虽然微信群使用频率最高),在互联网平台,QQ、论坛、微博、豆瓣及其他的社交平台等都可以作为我们的社群或者私域流量池,甚至社群还可以是线下平台,比如现在很流行的创客咖啡。选择在哪里创建社群,关键是看我们的目标用户是谁,他们都在哪里,同时也要结合我们梳理后的业务逻辑。

举个例子,现在最常拿来比较的就是到底是微信群好还是QQ群好?这个问题很多企业都碰到过。因为这两个平台,无论是活跃用户数,还是目标用户群体,很难说哪一个更优。在选择平台时,我们可以有以下几个思考点:

- 你的社群是否需要成员之间进行经常性的相互交流?
- 群主是否需要具有绝对的管理权限?
- 你对单个社群的规模是否有要求?

仔细思考一下,你就会发现,不同的目标群体在不同的地方建群,效果

是完全不一样的。可以建群的平台有很多，例如钉钉这类针对企业的软件，也可以拿来建群。刚才讲到的教育/培训机构，因为具有四个不同的交易对象，所以面对在哪里建群这个问题的时候，就会有多种选项。在实际工作中可以多思考，建群不是非要选在流量最大的地方，关键是要选择合适的，便于我们实现战略意图。

五、When：什么时候建群、群的生命周期是多久

这个问题同样要根据细分群的特点去解决，如针对 C 端用户，我们可以进一步将群细分为拉新群、转化群和分享群等。拉新群的特点是生命周期短、互动频率高、转化速度相对较快，一切以让目标用户付费为核心，企业不要奢求拉新群的生命周期会很长。但对于转化群和分享群，就需要考虑生命周期的问题。因为这类群的核心目的是提升用户的归属感，增强用户黏性。群的创建与留存，如图 3-3 所示。

图 3-3　群的创建与留存

在实际运营中，不可能等拉新群都满了才建留存群，也不能有人下单，就立马建群，要根据实际情况进行调整。另外，还需要综合考虑企业在这方

面的资源是否已经准备充分等。如果条件不允许，就先不要建立转化群，可以考虑采用一对一服务等方式。

最后，除了将社群细分，还要明确不同社群需要达到什么样的状态才是最佳的。一些比较常见的标准包括话题参与度、解决问题速率、内容转发率、内容点赞/评论数等，当然，也包括一些主观感知。这些标准需要在建立社群前就明确下来。这样通过数据呈现，我们就能清楚地知道每一个细分社群的状态是否达到最佳，是否有可以改进的地方，对于目标的实现是否存在偏差，等等。这样才能确保在后续运营时，通过输出价值内容实现延长用户生命周期的目的。

六、What：社群价值内容输出

当我们有一个好的产品，一个可以真正解决用户痛点的产品时，展示和介绍这个产品时，一定要注意方式方法，具体可以分为三个步骤：内容分类、内容包装、内容输出。

（一）内容分类

常见的社群内容大致可以分为三种。

（1）与产品相关的内容，包括产品信息，如种草内容、用户使用心得分享，以及服务内容的输出等。

（2）与你倡导的价值观有关的内容。俗话说："一个人走得快，一群人走得远。"这里有个前提，就是彼此的价值观是相同的。社群运营中有一个很重要的部分，就是看你倡导的价值观能影响多少人。

（3）互动类内容。它是指与社群成员之间的互动部分，包括由你来引导的成员之间的互动内容。

之所以要对内容进行分类，目的就是不至于某一类内容输出过多。比如产品相关内容过多容易变成营销群，引起用户反感。对内容进行合理的分类，可以更有效地让用户接受。

（二）内容包装

所谓的包装，并不是指要设计精美的海报，撰写金句文案，这些是具体的呈现形式。包装是指把你的内容以一种相对于陌生人而言比较容易接受的方式有效地传播给用户。

目前最好的包装方式，在我看来是话题。我们可以把内容包装成话题，供社群成员讨论、交流。在讨论、交流的过程中，潜移默化地引导用户接受你的产品及你倡导的价值观，如图3-4所示。

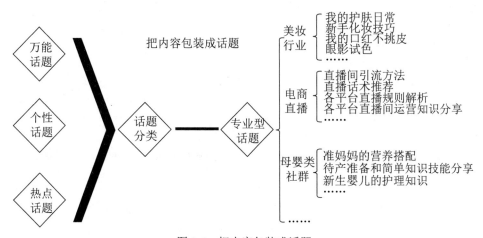

图3-4　把内容包装成话题

肯定会有人说，活动也可以达到这样的效果。确实，我们可以通过活动的形式展示产品或内容，让用户参与进来。比如促销类活动，像免费试用、分享领好礼可以让用户体验产品，从而感知产品带来的价值。但这里有一个关键问题：对于大多数社群，尤其是学习型、成长型社群而言，你与社群成员之间并不是一开始就是彼此信任的关系。用户从刚进入社群到最后实现转化，需要一个过程，也就是用户教育这件事是有时间周期的。

如果你想要通过活动的形式输出价值内容，就需要先区分活动类型。如果是以话题为核心的，例如话题讨论、头脑风暴等，活动这一形式是可以实现的。如果活动是以转化为目的，带有营销性质，那么活动只能起到助推器的作用。

我们把用户关系分为陌生、熟悉、信任等阶段，每一个阶段，用户关系的转变都是可以靠营销类活动来助力的，比如通过裂变活动来引流、通过低价促销来完成转化等。你跟社群成员之间的关系，升温到一定阶段后，通过这类活动来完成转化。它一定是为了捅破最后一层纸，而不是在没有任何感情基础的情况下进行的。不然这类活动多了，一旦用户麻木，可能会造成用户困扰，严重的还会影响品牌形象，如图3-5所示。

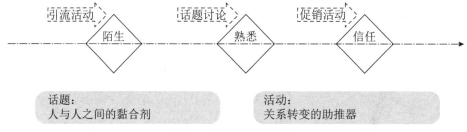

图 3-5　区分活动类型

对于用户教育而言，营销类活动其实是没有太大帮助的，培养感情最好的"温床"是由话题创造的，通过彼此之间的交流、互动来不断升温感情。

总结一句话，关于内容的包装，最好的方式就是话题，而活动，尤其是营销类活动，它只是一个助推器，帮助你临门踢一脚，话题才是人与人之间的黏合剂。

（三）内容输出

完成以上两个步骤之后，我们也就完成了社群内容的创作。最后一步就是向社群用户输出内容了。具体的输出方式有很多，例如可以采用社群栏目化运营策略（这一部分内容将在第五章详细讲解）。

通过业务逻辑梳理和运营指标拆解，从明确战略意图到具体的战术布局，再到最后的执行，就是把内容通过合理的人员分工、资源分配及绩效指标等全部串联起来。为了让整个过程更好地落地，我们还需要了解社群搭建的6

大核心设计及社群矩阵的搭建方法。

第二节　社群搭建的六大核心设计

如果说社群矩阵搭建主要是从企业发展的维度出发进行整体布局，六大核心设计则主要从单一社群的维度展开。**六大核心即愿景、权益、门槛、规则、关系构建及破冰。**

一、如何设计社群运营的愿景

设计愿景，我们可以简单理解为设计一个Slogan（标语），让人一看就知道这个社群是做什么的，在这里能收获什么。例如抖音的"记录美好生活"、小红书的"标记你的生活"等。

愿景能够凝聚社会化群体，可以感召一群人共同去完成一件事！比如你经营一家健身会所，那么你要建立的不单单是健身心得交流群，要再升华一下，建立一个"改变自己，让自己变得更好"的群。

愿景的主要作用是激发用户的使命感！用户的使命感其实始于某种冲突！什么是冲突？就是理想和现实不相符产生的矛盾。所以，我们的愿景设计，**应该围绕如何解决底层冲突进行。**

最好的愿景设计，既能激发冲突，又能解决冲突。比如企业营销课程售卖类的社群，既要让用户意识到，在流量成本不断增加的当下，企业营销愈发困难，又要通过内容包装来激发用户购买企业营销课程，通过学习提升营销的效率。它的整个愿景设计，就是围绕企业对于营销困难的焦虑展开的。

在设计过程中，我们可以用愿景来回答两个问题：我们聚在一起，要对别人做什么？要对自己做什么？我们可以通过答案的合理性来检验愿景设计的合理性。

二、如何设计社群权益

社群权益的设计不能过于简单,一种权益无法解决所有问题。在社群运营管理的不同阶段,需要搭配不同的用户权益,这是用户体系搭建的关键。

(一)社群运营中权益的分类

权益通常包含**内容类、社交类和服务类**三个部分。内容类权益是为用户提供独家、稀缺的内容,比如某个独享的产品价格、课程试听等;社交类权益通过社群帮助用户链接某种社交需求,比如资源、人脉等,最常见的是招聘群、相亲群、商务合作群等;服务类权益是为了满足用户的某种需求,比如学员答疑群、售后服务群、外卖点餐群等。

(二)具体该如何设置权益

在社群运营的不同阶段,用户权益设置不同。例如在引流阶段,我们设置的权益要能引起用户注意,而在社群活跃阶段,设置的权益需要能够提高用户活跃度,增强用户黏性。因此,权益的设置需要回归到"用户心理"层面,绝对不是简单的需求叠加。

权益的设置必须围绕核心权益进行。什么是核心权益?这需要跟社群运营的共同目标与用户的核心诉求相融合。例如知识付费类社群,在设置权益的时候,核心权益既需要跟知识付费的产品挂钩,又需要能够有效解决用户的实际痛点。

(三)提升权益的行权率

提升权益的行权率是指利用各种渠道将"权益"概念传达给用户并形成良性行权闭环。

(1)将社群运营中的"用户体系"及"用户权益"可视化。例如采用

"勋章墙"模式对用户进行可视化展示,以简单明了的方式向用户展示会员级别、所获成长值、勋章、可行权益、会员等级增长规划等。

(2)会员层级及权益变动及时提醒。通过短信、微信公众号及专属客服告知用户其等级变化、权益使用情况、新增权益等。

(3)搭载各类社群营销活动。社群运营离不开各种主题营销活动,我们在策划社群营销活动时要注重"不同层级不同权益"的概念,如营销补贴活动中,高层级的用户可享受高额度的补贴。另外,设置"会员日"及"多倍积分累积奖励"等也非常有效。

在设置完权益之后,用户领取权益的步骤不宜复杂,尤其是通过营销活动获得的权益,否则会降低用户的参与度。

三、为什么社群运营一定要设置门槛

作为社群运营者,你一定注意到了这些问题:

- 为什么明明出于好心,免费入群,大家反而想来就来、想走就走?
- 为什么社群成员在各种互动中总觉得接不上话?
- 为什么社群成员总是存在冲突?

以上问题的存在,很大程度上是因为你的社群门槛设置有问题,甚至没有设置门槛。

运营社群时设置门槛,不仅可以过滤非目标用户,还能最大限度地提升用户的配合度。

社群门槛的设置,最常见的就是价格,即收费入群,知识付费类社群用得最多。价格门槛的设置,对于运营团队而言,可以明确社群的商业价值,获得一定的收益,最重要的就是对于后续收益可以有更大的想象空间。对于用户而言,因为有了价格门槛,也会产生足够的期待感。

除了价格门槛,还可以有身份门槛(如车友群、供应商群)、动作门槛(如活动海报的转发群、调研报告填写群)等。无论是哪种门槛设计,其核心作用都是筛选目标用户，同时让用户珍惜进群的机会，从而提高配合度。这类达到某种门槛进群的用户，他们相互之间更容易产生信任关系。

四、通过社群管理制度有效延长生命周期

社群管理制度往往决定着社群互动体系能否长久运转！它关系着社群生命周期的长短。社群制度也是保障用户权益的一种体现，我们可以通过规则去培养用户的使用习惯等。社群管理制度包括入群规范、淘汰规则、奖励制度、成员分享规则，还包括群主发起的一些群内活动规则等。这些规则的制定需要根据社群定位及业务逻辑分析和运营指标拆解之后的目标来确定。

需要强调的是，制定群规则不是为了让群主高高在上，而是通过一定的规范来加强成员之间的连接。同时，群主需要学会分配任务，最好的办法就是让成员来协助管理社群。毕竟每个成员都渴望被重视、被认同，希望成为小池塘里的大鱼。所以，如何选拔管理者也是社群制度的一项重要内容，有时候让用户管理用户会有意外收获。

五、如何构建社群成员关系

我们需要意识到，社群其实就是社会的一个缩影，它需要有组织关系。

社群关系的强度 = 利益关系强度 + 情感关系强度

在我们搭建社群之初，社群对于大多数成员来说是陌生的，我们需要先给成员分配角色，通过目标事件来实现角色之间的互动，提升彼此之间的信任度，从而构建更强的社交关系。我们将社群内的角色大致分为以下8种类型。

（1）实权派（群主），拥有社群的最高管理权，是整个社群的灵魂人物。这里需要注意，社群不是群主的一言堂，分享类的社群更要注意。

（2）大管家（管理员），根据群成员的总数适当设置多名。大管家是社群真正意义上的组织者，核心工作是对社群进行日常管理，服务社群成员。在最好的社群关系中，大管家和群主是可以相互"制衡"的。

（3）隐藏"大咖"，就是社群内容的主心骨，在内容、知识方面具有权威性。这种权威性体现在：即便"大咖"处于潜水状态，依然有足够的威慑力。

（4）骨干精英，活跃度相对较高，在专业领域具备一定的信服力。骨干精英是社群价值内容的核心贡献者。

（5）团宠，主要负责调节社群氛围，这类成员最好是自然用户，在社群建立的初期，可以由运营者安排人扮演。

（6）看客，社群的追随者，"活跃担当"。在隐藏"大咖"或骨干精英发表价值内容时无条件支持，也可以在团宠打趣时进行互动。

（7）潜水党和充数群众。这类成员对于社群价值基本上是认同的。

（8）反派，毫无疑问，这类人对社群价值存疑，对规则发出挑战，比如在群里乱发广告的，运营者需要及时将这类成员清理出社群。

在构建成员关系时需要注意两点。

第一点：社群角色的分配。在社群建立初期，一般是由运营人员来扮演群主、大管家、团宠等角色。"大咖"、骨干精英这类成员需要有意识地招募、培养。

第二点：对于角色的结构，需要注意搭配、组合。

六、社群新用户入群后该怎么破冰

一个新用户进群第一天的经历，往往决定了该成员未来的活跃程度，所以运营人员在设计新用户进群破冰时要格外重视。

在传统的线下活动中，破冰方式通常是通过某个活动来实现的，但是在社群中不建议通过活动来破冰。进群破冰更多的是指包括引流卖点、群名称、群公告这些内容在内的设计，给新用户以信任感。进群破冰，还可以通过群主或者群内"大咖"的个人背书，通过 IP 的包装来增强用户的黏性。综上所述，社群搭建的前期工作如图 3-6 所示。

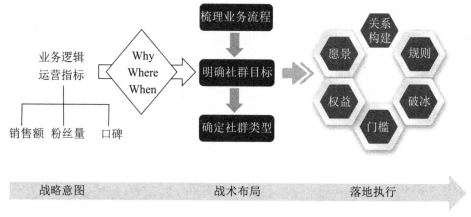

图 3-6　社群搭建前期工作

第三节　社群矩阵搭建的三种方法

在大多数情况下，运营社群不单单指某一个社群而是社群矩阵。关于社群矩阵的搭建方式，因为行业和产品不同，以及企业在业务链中所处的位置不同，方式也会有所不同。这里主要分享三种比较常见的社群矩阵搭建方法。

一、根据目标用户来搭建不同的分级流量池

继续以前面提到的培训机构为例。该机构主要的交易对象有四个，分别是全职讲师、兼职讲师、企业客户及 C 端客户。我们在搭建社群的时候，就可以按此分类，比如把全职讲师社群放在钉钉里，外聘讲师社群放在 QQ，C

端客户放在微信，而企业客户则组建线下社群。

针对不同类型的用户，我们在选择社群载体的时候，要优先考虑有助于实现我们的战略、战术目的的载体。适合才是最重要的！

二、根据产品 / 服务等内容进行社群矩阵搭建

当企业的交易对象只有 C 端用户时，我们可以根据产品 / 服务等内容对社群进行流量池分级，再进行社群矩阵的搭建。

我们继续以某培训机构的案例来说明，根据课程内容产出将 C 端用户进一步细分，如有 0~3 年运营经验的新人、有产品运营需求的用户、有社群运营需求的用户等。我们可以根据不同的课程内容和细分人群来搭建不同的社群，如运营职场攻略群、产品经理群、新媒体运营群、短视频运营群等。

这种社群矩阵的搭建方式是目前市场上最常见的。推广多个产品的企业，比如很多电商企业，可以根据企业的产品类目、型号等进行社群细分。

这种方式也可以将产品和服务结合进行社群矩阵布局。比如美妆类，既可以根据眼影、面膜、口红等不同产品进行社群搭建，也可以在此基础上搭建一个专门进行美妆教学的社群。前者主要承担产品销售、售前售后服务，后者主要通过教学内容的输出来增强用户黏性，实现复购的目的。

三、根据用户路径结合用户分层来进行社群矩阵搭建

对于中小企业，尤其是产品线单一或者个人工作室来说，按照上述两种方式搭建社群有点不切实际，此时可以采用第三种方法：根据用户路径结合用户分层进行社群矩阵的搭建。我们可以把用户关系做一个金字塔形的分层，如图 3-7 所示。

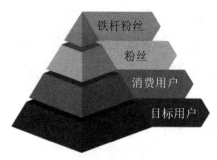

图 3-7 金字塔形的用户分层

在运营社群时,通过用户分层进行精细化运营,这样既不容易失焦,又有利于用户关系的强化,如图 3-8 所示。

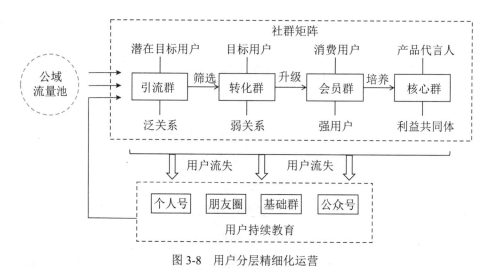

图 3-8 用户分层精细化运营

第四节 最常见的社群用户分层模型

企业或品牌主在做社群定位时需要结合自身的业务模式,明确是走精细化社群运营,还是走规模化社群运营。如果是后者,即采用社群矩阵化模式来运营社群时,首先需要思考资源整合的问题,具体的策略是进行用户分层。

社群用户分层,是通过对用户进行特征、行为、价值等不同维度的细分。

针对不同层级的群体制定有针对性的运营策略。因此，用户分层之前必须先获取相应的标签、数据等。

前文提到的三种矩阵搭建方式，就是社群用户分层的方法，下面将介绍另外两种用户分层的经典模型方法论。

一、RFM 模型

（一）RFM 模型的基础概念

RFM 模型是衡量客户价值和客户创造利益能力的重要工具与手段。R（Recency，时间间隔）指本次购买距离上次购买的时间间隔，代表用户对产品的熟悉度。上一次消费离得越近，也就是 R 的值越小，用户价值越高。F（Frequency 消费频率）指用户购买的次数，代表用户的活跃度。购买频率越高，也就是 F 的值越大，用户价值越高。M（Monetary，货币）指下单金额，代表用户的贡献度。消费金额越高，M 的值越大，用户价值越高。

用户价值分层，主要就是通过以上 3 个指标对社群用户进行价值上的区分，如图 3-9 所示。

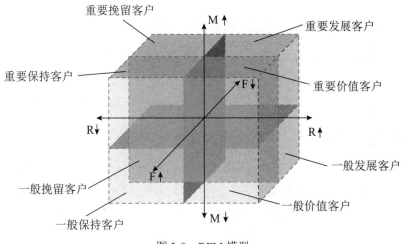

图 3-9　RFM 模型

（二）RFM 模型的作用

在社群矩阵化营销过程中，可以通过 RFM 分析法把目标用户分为 8 类，如表 3-1 所示。这样我们就可以根据不同价值的用户采用不同的运营策略，使有限的资源发挥最大的作用。

表 3-1 目标用户分类

用户分类	最近一次消费时间间隔（R）	消费频率（F）	消费金额（M）
1. 重要价值用户	高	高	高
2. 重要发展用户	高	低	高
3. 重要保持用户	低	高	高
4. 重要挽留用户	低	低	高
5. 一般价值用户	高	高	低
6. 一般发展用户	高	低	低
7. 一般保持用户	低	高	低
8. 一般挽留用户	低	低	低

（三）RFM 模型的具体使用步骤

RFM 分析法的使用分为 4 个步骤。

第一步：分别计算 R、F、M 三个数值。 首先需要统计出包括用户 ID、用户名、消费时间、消费金额在内的数据，然后计算出 R、F、M 值，如图 3-10 所示。

第二步：给 R、F、M 值按价值打分。 需要注意的是，这里是按数据的价值打分，而不是数值。例如给 R 值打分，以最近一次消费时间为基准，距离上一次消费越近，R 的价值越小，用户价值越高，如图 3-11 所示。

用户ID	用户名	消费时间	消费金额
1	小明	2022.01.01	200元
1	小明	2022.01.26	800元

计算出RFM值

用户ID	用户名	最近一次消费时间间隔（R）	消费频率（F）	消费金额（M）
1	小明	4天	2次	1000元

图 3-10 计算 R、F、M 三个数值

图 3-11 给 R、F、M 值按价值打分

然后根据打分规则整理数据，如表 3-2 所示。

表 3-2 根据打分规则整理数据

按价值打分（分数）	最近一次消费时间间隔（R）	消费频率（F）	消费金额（M）
1	20 天以上	2 次以内	100 元以内
2	10~20 天	2~6 次	100~300 元
3	5~10 天	6~8 次	300~600 元
4	3~5 天	10~20 次	600~1000 元
5	3 天以内	20 次以上	1000 元以上

在实际业务中，打分的范围需要根据具体的业务来设置，这没有统一的标准，如表 3-3 所示。

表 3-3　定义打分的范围

用户 ID	最近一次消费时间间隔（R）	消费频率（F）	消费金额（M）	R 值打分	F 值打分	M 值打分
1	4 天	2 次	1000 元	4	1	4
2	2 天	15 次	500 元	5	4	2

第三步：计算价值平均值。 给 R、F、M 三个数值打分之后，就需要计算出这 3 列的平均值，如表 3-4 所示。

表 3-4　计算价值平均值

用户 ID	最近一次消费时间间隔（R）	消费频率（F）	消费金额（M）	R 值打分	F 值打分	M 值打分
1	4 天	2 次	1000 元	4	1	4
2	2 天	15 次	500 元	5	4	2
价值平均值				4.5	2.5	3

第四步：用户分类。 评价各值是高于还是低于平均值。如果 R 值高于平均值，则记录为"高"，反之则记录为"低"，如表 3-5 所示。

表 3-5　R 值打分

用户 ID	R 值打分	F 值打分	M 值打分	R 值高低	F 值高低	M 值高低
1	4	1	4	低	低	高
2	5	4	2	高	高	低

通过以上四个步骤，我们就能得出每一个用户所属的类别，如表 3-6 所示。

表 3-6　用户分类

用户 ID	R 值打分	F 值打分	M 值打分	R 值高低	F 值高低	M 值高低	用户分层
1	4	1	4	低	低	高	4. 重要挽留用户
2	5	4	2	高	高	低	5. 一般价值用户

经过上述评价,在社群规模化之后,我们就可以实现精细化运营,针对不同层级的用户群体,采用不同的运营策略。

(1)重要价值用户,R、F、M 三个值都很高,要提供 VIP 服务。

(2)重要发展用户,消费频率低,但是其他两个值很高,要想办法提高他的消费频率。

(3)重要保持用户,最近消费时间距离现在较远,也就是 R 值低,但是消费频率和消费金额高。这种用户是一段时间没来的忠实客户,应该主动与其保持联系,提高复购率。

(4)重要挽留客户,最近消费时间距离现在较远,消费频率低,但消费金额高。这种用户即将流失,要主动联系他们,调查清楚是哪里出了问题,并想办法挽回。

通过 RFM 分析方法可以对用户进行精细化运营,不断提高用户的价值。

二、用户个性化特质与需求区隔分层

这个模型对于所有 C 端的品牌、企业主、商家等都适用,可以更好地帮助我们了解消费者、了解市场,从而进行精细化运营。用户个性化区隔的常见维度如图 3-12 所示。

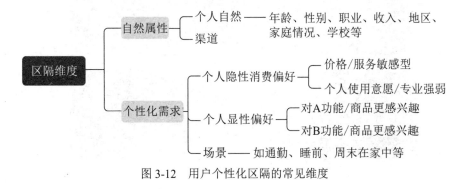

图 3-12 用户个性化区隔的常见维度

在对社群用户进行个性化区隔分层时,最主要的依据是用户是否会因为上面所列的这些行为和属性的不同,导致其需求、使用动机、使用偏好等出现较大差异。

这里的重点是出现较大差异。具体应该如何判断是否存在较大差异呢?这主要依靠**常识和用户洞察,以及数据分析**。常识和用户洞察:比如一个女生,成为妈妈前后的需求绝对是不一样的,我们利用常识就能做出判断。数据分析:通过数据分析,比如用户因为渠道不同,使用偏好有显著的差异。

进行用户个性化区隔分层时主要有以下两种选择。

(1)选择一个维度对用户进行划分,然后为划分后的用户提供有针对性的解决方案,制定运营策略。

(2)选择两个维度,通过交叉进行区隔,再分别给予定向的解决方案。

图3-13是某基金理财类社群矩阵运营攻略。主要是通过对用户个性化特质与需求的区隔分层,即通过用户投资意愿、用户对理财专业度这两个维度,将用户分为四个群体。再针对不同的用户群体进行不同的价值内容输出,以实现精细化运营。

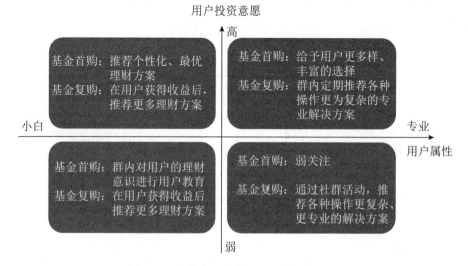

图3-13 某基金理财类社群矩阵运营攻略

以上就是社群矩阵运营策略中，关于用户分层模型的介绍。在实际运营过程中，我们需要注意，在进行社群用户分层之前，一定要明确社群分类的逻辑，并制定相应的运营维护标准。社群运营规模化之后，虽说整合资源是社群矩阵营销的首要问题，但是其核心还是用户，社群作为用户流量的承载场，依然是为社群运营的底层逻辑服务的，即通过社群运营建立价值连接，实现用户关系的递进。

第四章 社群裂变：从用户引流到裂变增长的流程

　　社群运营的本质是聚合用户，升级用户关系，实现有价值的连接。社群运营想要实现用户拉新、留存、转化等目的，最主要的方法就是抢占用户注意力。因为就线上而言，时间等于容器。无论我们接下来要聊社群运营的哪个环节，抢占用户注意力都是核心指导思想。

第一节　社群引流的五大核心

在社群运营管理 D-TE-MR 全链路模型中的用户拉新环节（也就是引流模块）有如图 4-1 所示的五个核心问题。

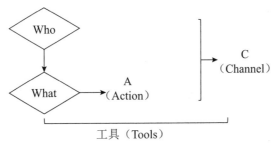

图 4-1　拉新环节的五个核心问题

一、Who：目标用户是谁

在引流之前，我们首先需要明确目标用户。很多公司前期做了简单的用户信息收集的工作，却没有进一步分析。要知道，同样属性的用户，有可能存在不同的需求。

比如目标用户是全职妈妈，全职妈妈的需求是什么？可能是孩子教育，也可能是兼职赚钱，同样的用户产生了不同的行为模式。所以，我们在做用户分析的时候，不要过于依赖数据指标，一定要结合实际情况多思考。

二、What：你能为他们提供什么

What，就是我们确定了目标用户，接下来需要思考自己能为他们提供什么东西，带来什么样的价值。我们所能提供的内容可以分两个部分：**核心内容——产品或者服务；用户教育的内容。**

前者比较好理解，就是用来变现的产品。例如企业销售的产品、提供的服务等。用户教育的内容是指什么？比如一个全职妈妈，她的需求可能是孩子教育，也可能是兼职赚钱，想要学习一技之长。这些需求都不是刚需，没有规定全职妈妈必须学习教育孩子，也不是都有赚钱的需求。可以理解为：你以为的产品或服务，对于目标用户来说并不完全有价值。

事实上，绝大多数适合做社群运营的产品，对目标用户来说都不是刚需，最多只是潜在需求。如何将潜在需求变成刚需，这个过程需要经过用户教育，如图4-2所示。

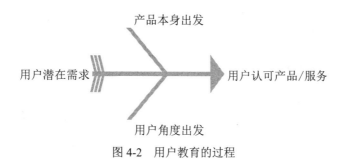

图4-2　用户教育的过程

所以，我们在思考能给用户带来什么价值时，可以从两个角度出发：一个是从产品或服务的角度出发，即产品或服务的价值；另一个是从用户角度出发，也就是我们常说的诱惑、利益点，即通过什么样的内容来教育用户，使其认可、认同你提供的价值。

举个例子：现在有很多招聘兼职的广告，我们可以将其分为两种类型：一种是夸张式，比如日入千元、日入万元；另一种是场景代入式，先描绘与他人的对比、差距等，然后描绘学会某项技能后，既可以赚钱，又能提高竞争力，最后推荐某种技能相关课程，如图片处理课程、软文写作课等。

对于社群运营来说，第二种带入场景，其实就是用户教育的过程，即让用户意识到，如果不去做，可能会失去什么。这样就能让很多原本没有的需求变成了潜在需求，并进一步发展成为刚需，从而对你提供的内容产生兴趣。这时候，你提供的价值就等同于他的需求了。

最后，你所能提供的价值需要具象化，便于用户理解，并且要对这些价值进行分类。毕竟，在引流阶段不能把所有东西一股脑儿抛出去，这样既不够聚焦，也是一种资源浪费。

三、Action：具体的行为

当明确了Who、What这两个问题之后，我们来看Action这一步，也就是为获得利益所采取的具体措施。在社群运营中，常见的动作包括关注、转发、截图、邀请、分享、回复、评论等。

我们前面分析了目标用户及其需求点，以及你能提供的价值。Action部分要做的，其实就是将用户、需求、价值以及常用动作进行连线组合。比如你的目标用户是应届毕业生，你能提供的是职场培训服务，为此准备的引流价值内容是面试技巧相关资料包。你可以将这些信息连线，比如跟邀请这个动作关联，就是用户邀请好友进群，可免费领取面试技巧资料包，或者跟转发这个行为连接，如图4-3所示。

在连线时最好是单线连接，不要多项。比如免费领取面试资料包，要么就跟邀请连接，要么就跟转发连接。但在实际操作中，你一定看到过转发朋友圈集××赞，可以获得某某产品的活动，这里面关联了不止一个动作，这是为什么呢？

这就要提到最重要的核心点，即投入产出比的分析。要站在用户的立场，看你设计的这些行为动作和他所能得到的是否匹配。比如你的社群有某位行业"大咖"坐镇，你就可以多连接几个动作。这其实是变相拉高入群门槛，甚至可以先建引流群进行用户筛选，然后再建核心交流群。

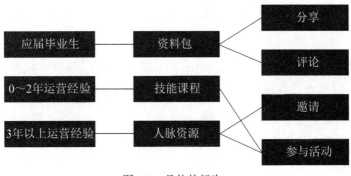

图 4-3　具体的行为

四、Channel：渠道的选择

引流模块的最后一环 Channel：渠道的选择。常见的引流渠道有如下几类。

1. 线上渠道

搜索渠道：百度、搜狗、360 等。

社交渠道：QQ、微信、脉脉、探探、陌陌、钉钉等。

内容渠道：微博、微信、抖音、B 站、贴吧、豆瓣、知乎、简书、小红书等。

朋友圈：个人账号朋友圈。

2. 线下渠道

活动、展会、实体店、兴趣组织聚会、沙龙、讲座等。

在选择渠道时，首先需要了解目标用户在哪个渠道，然后看内容适合在哪些渠道传播，两者结合最终选择主要的引流渠道。注意，引流渠道不是固定不变的，可以结合我们本身的实力，包括人力、物力、资金等，在不同的阶段选择不同的渠道。比如在测试阶段，一般选择一个渠道进行传播即可；等到正式开始或者社群矩阵运营的时候，再扩大渠道的覆盖范围，同时结合数据分析不断做出调整。

五、Tools：社群运营工具

社群运营是离不开工具的，社群运营工具大致可以分为四类。拉新裂变类：如活码工具、社群裂变工具等。促活转化类：如群管理工具、打卡签到类工具、群会员、群分销等。销售辅助类：小程序、商城、直播辅助工具等。运营辅助类：图片制作工具、视频剪辑、制作工具、在线协作、社群满意度调查工具等。

我们在挑选和使用工具时要思考：为什么选择这款工具，看中了它的哪项功能，选择这款工具主要是运用在哪个环节，关键是为了实现什么目的。

需要记住一点，工具是辅助我们工作的，不能过度依赖工具。

案例：教育培训机构社群引流活动节奏把控

社群引流活动节奏，如表4-1所示。

表 4-1　社群引流活动节奏

阶段	Who 目标用户			What 核心价值			A 行动点					C 渠道				T 工具	
	应届毕业生	0~2年经验	3年以上经验	资料	技能	人脉	邀请	分享	评论	反馈	参与活动	搜索	内容平台	社交平台	线下	二维码+海报	机器人
第一波	√			√				√						√		√	
第二波		√		√	√		√			√			√			√	
第三波	√				√				√		√	√	√			√	
第四波			√			√					√		√	√	√	√	√

第一波：针对人群是应届毕业生；利益点为资料（如面试相关资料包），行动点是分享，渠道为社交平台（如微信群）。

（1）让目标用户分享裂变海报至朋友圈。

（2）然后当有人扫码添加你之后，可以发送资料给他，也可以让他帮忙拉你进类似的群。

（3）你可以额外为其提供相关资料，或者直接给他们发红包，这里的发红包也属于行动点。

（4）若有人拉你进新群，你可以在群里面直接进行引流，比如发送"最全的运营面试问题汇总，需要的私聊我"，进而引导分享、拉人入群。

（5）当有人私聊你时，就可以循环重复上述流程了。

第二波：针对人群是具有0～2年经验的职场人士，利益点为资料包或者某项技能试听课，行动点是邀请和反馈，渠道为搜索（如腾讯课堂）。

（1）打开腾讯课堂，搜索"互联网运营"，单击"免费"按钮，进入课程详情页。

（2）查看详情页右下角，有QQ群入群提醒，我们就选择加入社群。

（3）我们同样可以在群内说一句：我们群里还没有拿到互联网运营全套知识图谱的，回复"没有"，我单独发给你。

（4）逐个私聊回复"没有"的用户，并发送资料给他。

（5）资料发完之后，引导用户加入新群，并提示他们入群可以获取更多有用的资料。

第三波、第四波可以参考上述实操案例进行操作。

在社群运营引流模块，具体的工作内容是，首先做好用户定位，然后包装内容，去融合价值提供和用户需求之间的平衡点，再关联一些简单的动作，并有计划地扩张传播渠道，最终实现用户高效引流的结果。我们可以把这部分工作绘制成表格，制作成社群引流的 SOP（Standard Operating Procedure，标准作业程序）。

第二节　社群冷启动方法

冷启动是指一种新开发的产品从 0 用户到获取种子用户的过程。做社群运营的，几乎每个月都会被要求做社群冷启动，毕竟要实现用户增长，补充新鲜血液是必不可少的。如果说社群冷启动是社群运营的第一步，那么精准种子用户的数量，决定了冷启动能否成功。

对于绝大多数的企业来说，各方面的资源并不是那么富裕，在这种情况下，我们该如何做呢？我们先来了解一下社群冷启动的工作流程。

一、社群冷启动的业务流程

社群冷启动的业务流程，如图 4-4 所示。

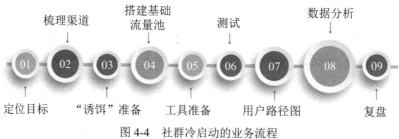

图 4-4　社群冷启动的业务流程

第一步：定位目标用户，分析目标用户的画像、标签、特征等，包括用户行为以及用户场景的设计。

第二步：梳理、汇总用户的来源渠道，这里可以参考企业以往的经验或者竞争对手的广告投放渠道来确定。

需要注意的是，不要忽视线下的场景。另外，关于精准种子用户的获取，除了常规的引流渠道，也可以把目光放到企业内部或者有商务合作关系的外部团队上，其中可能存在你的潜在用户。

第三步：准备"诱饵"，比如资料包、福利产品等。注意，"诱饵"需要能关联产品、满足目标用户的需求及符合渠道属性。

第四步：搭建基础流量池，包括准备用户启动裂变的社群、话术、社群相关资料简介，并安排好各环节需要的"自己人"等。

第五步：准备工具，社群运营离不开工具，如裂变工具、机器人自动回复等。

第六步：进行小规模的冷启动测试，检查设置的"诱饵"、选择的渠道等是否合理。

第七步至第九步：根据测试画出用户路径图，通过分析各条转化路径的数据情况，对用户路径进行优化、迭代。

最后，扩大渠道的推广范围，开始冷启动。

对于社群运营，复盘是非常重要的环节，不仅有利于优化业务流程，还能提升个人能力。

二、360 建群原则

除了熟练掌握社群冷启动的工作流程，我们在获取精准种子用户的时候，还需要掌握 **360 建群原则**。360 建群原则可以帮助我们更好地把控建群节奏。

360 是指 3 天，60 人。

3 天：我们在进行社群引流时，通常是先添加个人微信号，给用户打上标签后，等时机合适再把他拉进群。这个过程一般持续时间不要超过 3 天。因为超过 3 天，用户可能已经忘记了之前的沟通。此时拉用户进群，裂变效果可能会受到影响。

60 人：一个社群如果能有 60 个种子用户，是非常容易产生裂变的。如果社群初始人数过少，则很难产生裂变。

以上的"3 天"和"60 人"，并不是固定的，只是一个经验的总结。在实操中，行业、产品，甚至目标用户不同，这些数值都可能变化。笔者曾给一家母婴产品企业做社群顾问，种子用户只有 47 人，3 天时间裂变超过 1200 人，建立了 3 个社群。

我们无法百分百保证策划方案的效果，遵循 360 建群原则，更多的是提醒社群运营者随时关注数据。当种子人数不足 60 人，或者间隔超过 3 天时，我们需要谨慎处理，看看是否需要调整或者放弃方案。

三、获取精准种子用户的 4 种方法

（一）朋友圈互换涨粉

社交类平台引流：比如朋友圈、QQ、小红书等可以进行朋友圈互换涨粉。比如 A 是做早教的，B 是卖童装的，A 和 B 的目标用户都是宝妈，因为产品不冲突，所以 A 和 B 是可以通过朋友圈互推来实现涨粉的。双方分别将对方的二维码海报发到朋友圈，并做适当推荐，有需求的好友自然会添加。

我们使用这个方法的时候要设置双重"诱饵"。第一个是吸引用户添加你的好友，你兑现福利；第二个是通过用户教育，让他对你的内容感兴趣，等到活动开始再拉他进群。这样他才能保持持久的关注，等到进群之后活跃度也会更高。

（二）搜索渠道引流涨粉

搜索渠道引流涨粉就是先在渠道内进行关键字搜索，然后发帖，设置"诱饵"，最后加好友转化。这类渠道的引流是需要长期运营的，想要在短期内实现"爆粉"几乎是不可能的。

（三）红包涨粉

这种涨粉方式还需要配合其他渠道来进行。当用户添加你为好友之后，

先询问用户是否愿意拉你进类似社群，如果愿意，就发一个小红包给用户，如果不愿意，你就把之前准备好的福利给他。这个模式是可以不断循环的。

红包涨粉的方式可以在短期内实现粉丝的快速增长，但不建议大家无限重复操作，一方面这种方式费钱费事，另一方面我们的最终目的是运营变现，我们的主要工作是运营社群。

（四）借助名人效应涨粉

这种方式适合有实力的企业，邀请行业"大咖"、名人进行演讲、直播等，通过名人效应来实现冷启动。一般都选择抖音、快手这类短视频平台，利用平台自身的流量红利来实现引流。

借助名人效应涨粉这种模式，还有一个类型，就是在众筹平台通过对创始人经历、企业文化的包装，产出优质的创业 ID、文案策划等内容，以此来获取精准用户。这种方式在具体的操作上有一定难度，要求策划人员有足够的创意和包装能力。当然，一旦成功，无论是种子用户的数量还是质量都不是前面几种方法可以相比的。

案例：2 天裂变出 1500 个种子用户

本案例就是在没有任何精准种子用户的情况下开展社群冷启动活动的。

1. 项目背景介绍

背景及业务目标：这个社群冷启动案例是一家美妆公司委托的项目。在项目沟通阶段，对方公司有着非常明确的目的，就是要为企业的私域流量池，包括公众号、企微客服、社群等，获取足够多的目标用户。

劣势：该公司是初创公司，之前没有任何精准粉丝积累，需要我们从零开始进行冷启动。同时，该公司的广告预算不多。

具备的资源：公司可以为所有进入私域流量池的目标用户提供一份新产品试用装。

2. 项目拆解

我们根据社群冷启动的业务流程一步步拆解项目。

第一步：定位目标。

这个社群冷启动项目的核心目标就是引流精准女性粉丝至企业的私域流量池。

第二步：确定具体的引流渠道及方式。

因为该公司之前没有任何的精准粉丝积累，同时没有足够的广告预算，因此想通过新媒体等渠道进行广告曝光来引流是不现实的，最好的办法就是去竞争对手处"抢夺"流量。

具体的操作方式：首先是找到尽可能多的竞品群，通过各种方式加入进去。例如，这个项目是护肤品，我们可以通过关注护肤品相关的圈子，通过话术引流的方法，让别人主动添加你的客服账号，接着让对方拉你进群。

这样的操作对于大部分人来说不太难，正常情况下，2小时左右就能找到15～20个拥有目标用户的社群。

第三步：准备好利益点和话术。

在这里至少需要准备好两套话术，分别对应不同的场景。

- 一对一话术：你好，我现在在做×××活动，我们这边有一批××礼物想要发放给×××用户。你这边有×××类的群吗？是否可以邀请我进群？作为回报，你拉我进×个群，我发×个红包给你。
- 群内话术：姐妹们，我正在参加一个×××活动。这个活动可以×××，现在加入还送×××礼品，感兴趣的姐妹们加我微信。

每次进入新群，就可以继续发话术，等待被加为好友，接着就是不断重复以上的操作流程。

在这里需要注意，所有主动添加账号的用户，继续发第一条话术内容。如果用户主动询问关于参与训练营免费领取礼品的活动，则可告知活动开始时间和内容，但先不建群。建群属于第二阶段的事，这一阶段以拓展种子用户为第一优先级。

根据以上操作步骤，前后花了两天时间，企业客服累计被用户拉入了600多个拥有目标用户的社群，其中主动添加客服微信的好友数达到了1500人！

至此，整个项目的冷启动就已经完成了，接下来就可以搭建社群。无论是继续做社群裂变还是做社群运营，有了这1500个精准用户，就有了足够的启动量。

第三节　社群裂变的四大驱动力

拥有了足够的种子用户之后，我们可以继续进行社群裂变，来进一步扩大流量池规模。

关于社群裂变，我们只需要弄懂如何引导用户产生传播行为。简单一点来说，就是解决两个问题：**在什么样的情况下，一个人愿意与另一个人产生交集；在什么情况下，这个人会把某些信息传递给另一个人，同时另一个人愿意接收这一信息？** 解决了这两个问题，裂变就会产生。

我们继续对两个问题进行拆分，细分出四个小问题。我们假设第一个人是传播者A，第二个人是接收信息的人B。

- **A为什么愿意参与你的活动？**
- **A为什么愿意分享信息？**
- **A如何传播信息给B？**
- **B为什么愿意接受？**

仔细分析，我们可以发现，第一个问题和第四个问题其实是同一个问题。继续把问题简化，就变成了A接受、A分享及B接受，即两个人、三个动作。这就是裂变营销中的用户行为，我们所有的策划都是为了实现这些。

想要让别人按照我们的意志来行动，最好的办法就是跟他产生共情，然后进一步调动他的情绪。所以**社群裂变的本质，是通过设计一套可以不断满足用户欲望的路径，从而调动用户的情绪，让用户按照我们所希望的那样**

行动,也就是自主分享。在实现社群裂变的过程中,有以下4个驱动力的助力。

一、社交驱动

社交驱动包括社交场地和社交圈层两个部分。

社交场地:既然是社交,就需要有一个场地来提供交流,我们需要选择符合目标用户需求的平台,选择合适的流量池载体,并对该载体进行分类,如引流群、会员群。

社交圈层:物以类聚,人以群分。因此,我们要对用户进行身份匹配,将同一类人放在同一个社群内。

确定了社交场地、匹配了身份后,策划的裂变营销活动就会更有针对性,包括裂变奖励的设置,是红包奖励还是实物奖励,还可以针对不同的分类发布不同的话题讨论,增强用户黏性。

二、信任驱动

信任驱动的五大要素如下。

(1)前置回报:这几乎是所有裂变活动默认的内容,也是建立信任的敲门砖。

(2)核心卖点:产品或服务的核心卖点,是否能够满足用户需求。

(3)建立背书:例如很多活动都会从品牌证言(自证能力)、专家证言(权威)和客户证言(从众)三个角度为产品或服务进行背书,以打消用户顾虑。

(4)情绪调动:通过文案描述等方式激发用户情绪,从而调动用户从感性角度做出决策,例如制造紧迫感、享优惠、无后顾之忧等。

(5)解释原因:市面上的裂变活动很多,很多用户已经对商家所谓的让利有了免疫力，所以关于你的承诺、让利需要更好的包装，也就是活动时需要有一个噱头，一个能让人接受的理由，否则很容易让人认为是陷阱或圈套。

三、效率驱动

从底层逻辑上来看，社交驱动+信任驱动基本解决了 A 接受、A 分享及 B 接受，即两个人、三个动作的全部问题，但一场裂变营销只有这些是不够的。这只是策划出了一条路，让用户可以在上面走，如何让这一流程更顺畅，让用户从走变成跑，就需要第三个驱动——效率驱动。效率驱动可以分为两部分：触点效率化、结构效率优化。

（一）触点效率化

触点就是用户接触到商家的每一个点，这里的接触包括视、听、味、触、嗅等。触点效率化就是了解用户的触点，为了实现行为转换率的提升而去设计具体的营销机会点。

结合用户行为和触点场景，触点效率化可以分为五层。第一层：用户生命周期。第二层：跟情绪相关的用户体验地图。第三层：跟业务属性相关的用户价值成长路径。第四层：在业务属性之下的关键用户行为。第五层：行为背后的关键数据指标。

触点效率化更多的是用户行为的体现，通过提升触点效率，可以使得每一个参与活动的用户的行为变得自然顺畅。

（二）结构效率优化

结构效率是指从用户一开始的参与到最后的结束，要保证整个过程的顺畅。提升结构效率化最关键的是解决四个问题。

（1）如何降低用户的认知门槛，即使用户更容易掌握玩法。

(2)如何提高用户参与和分享意愿,一般是通过奖励机制来实现,奖励可以是物质方面的,也可以是精神方面的,最好是两者结合。

(3)如何提高整个用户路径的流畅度,也就是减小各种阻力。

(4)如何能够在适当的关键时间点上给予用户最强的正向刺激(比如及时数据反馈、奖励排行榜等)。

裂变增长的底层逻辑就是通过社交驱动+信任驱动来实现用户裂变,而效率驱动则是使整个裂变增长高速发展。只有效率驱动,没有社交+信任作为底层驱动力,裂变增长无法启动;只有社交+信任这个底层双驱动力,没有效率驱动加油,裂变增长很难达到足够的高度。

四、资源驱动

资源驱动(图4-5)的作用像是一个扩音器,在基础工作完成之后,通过加入资源来给整个裂变增长提供一个加速器。可以作为资源驱动的东西很多,例如福利资源,包括物质利益、精神利益等;渠道资源,通过投放资源,借助存量资源找增量资源的方式,使每个存量用户都成为社交利益点;很多电商直播卖货时会联合KOL(关键意见领袖)、网红等配合品牌,提供更进一步的信任背书,既能扩大传播影响力,又能节省成本。

图4-5 资源驱动

案例：社群裂变——3天精准涨粉5200人

美妆护肤品的社群裂变案例。这个项目最终实现了3天裂变13个社群，累计精准涨粉5200人。之所以能取得如此惊人的成绩，是因为整个项目从策划到执行，整个过程中有以下三个亮点。

1. 6种渠道筛选，快速获取启动流量

这个项目的目标用户以20～35岁女性为主。明确了目标用户之后，我们就需要进行有效渠道的筛选。

通过对品牌主过往的投放数据及竞品的分析，我们筛选出了6个目标用户主要聚集渠道，分别是小红书等新媒体渠道、头条、简书等自媒体渠道、抖音、B站等短视频渠道，以及公司原有的公众号用户。小红书是当下所有新媒体渠道中女性用户数最多的，抖音、B站年轻人居多，都符合我们的目标用户定位。

接下来，通过制作海报、文案及引流话术等，在以上渠道尽可能多地曝光活动信息，包括活动开始时间、可以获得的奖励等内容，以吸引用户。

2. 阶梯式裂变奖励设置

在这次社群裂变中，我们在设置"诱饵"时主要设置了两个挡位：

- 邀请5人，得一份价值59元超大容量化妆包。
- 邀请20人，得一份价值299元电动铂金美容棒。

这种阶梯式的裂变奖励最大的好处是能最大限度地激发不同需求用户的积极性。

3. 根据不同用户来源，建立不同的小群

所有通过渠道曝光引流来的用户都不会直接拉群，而是先让用户添加客服微信。用户添加客服微信之后，客服会第一时间告知活动信息，以便有兴趣的用户提前做好准备。这一步还有另一个好处，就是可以提前跟目标用户培养一定的信任基础。这可以降低用户的认知门槛，对于活动的形式、玩法等更容易掌握，在一定程度上提升了裂变的结构效率。

另外，在这个过程中，客服会根据渠道来源给目标用户打上不同的标签，例如小红书用户、抖音用户、简书用户等。后续我们搭建小群时，可以按照不同渠道搭建多个启动群。如果某一渠道的初始种子用户数不足60人，可以合并几个渠道的用户，以确保初始种子用户数。根据这个原则，我们最终搭建了3个初始裂变启动群。

除了以上这三个关键点之外，还有几个实操细节。

第一，在活动正式开始前，客服通过朋友圈、私信、群发的方式，告知初始种子用户活动开始时间及福利内容。从活动开始前半天开始反复告知，就像是倒计时一般，约每一个小时发一遍。每次发朋友圈都会利用"提醒谁看"这一功能，这个功能每次可以选中10个用户，确保在活动开始前所有初始种子用户都可以被提醒。

第二，利用第三方工具，随时统计用户拉人情况。每次当有用户完成奖励，就会自动生成一张祝福海报，恭喜用户获得奖励，并且鼓励用户将海报发在群和朋友圈里，客服会在社群内直接完成奖励交付过程。这样的好处就是激发那些还在观望，或者尚未完成指标的用户继续去拉人，进而产生裂变。第一时间兑现奖励，可以最大限度地建立用户信任，使得信任驱动在社群裂变活动中产生足够的助力，可以让社群始终保持活跃的状态。

第三，一边拉人一边审核，社群在裂变过程中很容易吸引一些非目标用户，甚至是竞争对手，例如专职的微商。有时这些非目标用户还可能在群里发一些不好的信息，这时候不要犹豫，直接选择踢人。

如果出现某些用户在社群里提出了对产品功能的咨询问题时，例如有些男性用户可能对产品不熟悉，会在社群里咨询什么是化妆包、什么是美容棒等，也不能说这类用户一定不是目标用户，有可能是买来送给女友的，但是为了确保裂变活动的整体节奏，可选择由客服一对一沟通，让其退群。

以上就是这个美妆护肤品社群项目裂变的关键操作细节和注意事项。其实，社群裂变项目能否成功，一方面取决于前期的策划；另一方面取决于实际操作过程中的细节把控。

社群活跃：用户活跃的本质及运营策略 — 第五章

社群活跃是 D-TE-MR 模型中"TE"部分的核心。可以说，无论是用户关系的改变，还是有价值的连接，都是在这个环节实现的。

第一节　社群活跃的本质

一、实现用户关系的改变

站在企业的角度，用户关系可以分为潜在目标用户、目标用户、消费用户、粉丝、铁杆粉丝。如果站在用户角度，这些关系就不存在了，用户与其他群成员的关系要经历陌生、熟悉、好友、知己这样一个过程。社群运营，本质上是对"人"的运营。

仔细回想一下，除却亲戚这种先天决定的关系，你与另一个人的关系从浅到深，是不是也会经历陌生、熟悉、好友，最后成为知己这样一个过程？

我们在进行社群活跃这个部分的运营时，需要实现的用户关系的改变，说白了是要实现成员之间的关系转变，就是要尽可能地使成员与成员之间从陌生人变成熟人，再变成朋友，最后成为知己。

（一）从陌生人到熟人

在线上世界，从陌生人到熟人的改变，其动因可以分为两类。一是兴趣。兴趣能够快速聚集有共同爱好的人，实现社交，比如读书群、健身群等。二是需求。因为需要解决同样的需求而聚集在一起，比如知识付费的学习型社群、某项专业技能考证类社群等。

在社群运营活跃阶段，用户之间从陌生到熟悉，需要运营者主动创造契机，一般是借助话题、活动等来实现。

（二）从熟人升级为朋友

想要成员关系从熟人升级为朋友，最好就是让他们一起经历一件事。所以，那些跟线下活动息息相关的社群，成员之间的黏性更强。因为共同经历过一些事，成员之间就会源源不断地产生话题，也会有专属于成员之间的回忆，这种共情是他人很难替代的。

所以，我们在运营社群时，要想办法创造共同目标事件，以便成员加入进来，并促进他们之间关系的升华。

进一步来看，每个人都是渴望被他人关注的。人在被注视时，学习和交往的效率都会大大提高。所以在策划共同目标事件的时候，若能让参与其中的人感受到被重视，甚至让其觉得如果没有"他"的加入，这件事就会缺少一定的意义，那么这样一个共同目标事件就能够极大地激发参与者的交往意愿，从而提高双方的人际关系质量。

（三）从朋友到知己

如果说朋友是需要一起经历过一些事情，那么知己就需要拥有相同的价值观。你们相互了解、相互敬慕，且三观正，无论是对人还是对事，基本的价值观都是一致的。这是成为知己的关键要素，也可以说是最重要的一点。

在社群活跃阶段，从朋友发展到知己，就需要去判断成员之间的价值观是否一致，哪些成员的价值观与我们企业所传递的理念是一致的。

以上就是成员关系转变的全过程，是社群用户的整个生命周期，其中是有情感流动的，如图 5-1 所示。

二、品牌方在用户关系递进中的角色

用户关系的递进跟社群运营有什么关系呢？成员之间的关系之所以存在，或者说升级，不正是因为有品牌方，也就是运营者的存在吗？

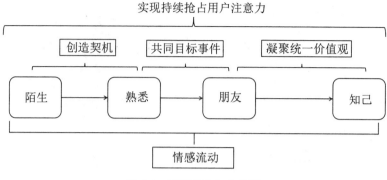

图 5-1 社群用户生命周期

在社群用户关系转变的整个过程中,社群运营者不断输出内容、不断建立偏向品牌方的价值观。换个角度来说,成员在社群中认识新的好友,找到知己。那么,他与这个社群的黏性一定是高的。这些用户的注意力都在社群中,那么社群追求的活跃度自然不成问题。

综上所述,社群活跃的本质是持续抢占用户注意力,其目的是改变用户之间的关系。想要实现这个目的,有两个非常核心的方面:共同目标事件和情感流动,这也是社群活跃的两大黏合剂。

第二节 社群活跃的后端运营:栏目化运营攻略

社群活跃的工作大致可以分为两个板块:后端运营,即前期筹备阶段工作;前端运营,即后期维护运营工作,也就是日常维护工作。实践发现,社群活跃的后端运营最好的策略就是社群栏目化运营。

一、栏目化运营

社群栏目化运营就是以栏目化的形式运营社群,就像内容运营一样,通过划分多个板块,在不同板块中填充合适的内容。

社群栏目化运营最大的好处，就是能够在一个更长的周期内，通过标准化的手段来运营社群。这样既能提高团队的工作效率，也能保证社群内容的输出。我们可以通过不同的内容板块与社员建立更有针对性的连接，从而增加彼此的情感，最终提升社群活跃度，并且有效延长社群的用户生命周期。

需要注意的是，我们要基于社群活跃的核心来划分栏目。我们需要用以下三个问题来验证你的栏目化策略是否可行：这样的板块划分和内容输出，是否有利于持续抢占用户注意力？是否有利于打造共同目标事件？是否有利于成员之间的情感流动？

二、常见的社群栏目化划分

常见的社群栏目化划分有信息资讯推送、社群分享、用户会诊、活动策划以及内容精选等，我们可以结合所在行业的特点进行划分。图5-2是知识分享类社群栏目化划分。

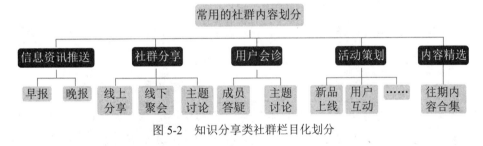

图5-2　知识分享类社群栏目化划分

下面我们详细介绍信息资讯推送和社群分享两个栏目。

（一）信息资讯推送

如果这类信息资讯的推送做好了，可以增加社群价值，提升用户对社群的依赖。这个板块的内容大多数社群都会采用，比较典型的就是早晚报的推送。根据社群属性和定位，一般会把热门资讯、行业相关新闻整理成短消息发给大家。消息发送可以利用运营机器人实现。

如果这类内容足够优质,用户会每天查看,就能保证社群的基本活跃度及点击率。若社群矩阵规模不断扩大,这个早晚报也能成为广告位,可以展示企业的营销活动信息。

当然,早晚报的内容要追求品质,而不能只是追求数量,我们还要根据行业属性评估消息推送的时间和频率,以及节假日是否推送。

(二)社群分享

分享可以有效提升用户间的关系,任何一个行业的社群都可以做,其中知识付费领域的社群更有优势。

社群分享最好能够固定时间,比如每周三晚上 8 点,保持固定的时间,可以进一步让用户养成习惯;在频次上至少保证一周一次,这样的话,用户每周至少点开一次查看分享的信息,能保持一定的社群活跃度。

在实际操作中,社群运营者要思考如何保持长期分享。针对这个问题,我们在做规划时,就需要考虑三个问题。

(1)谁来分享(比如某个领域的大咖、群主等)?

(2)分享什么(产品使用、运营学习方法、职场攻略)?

(3)为什么分享(链接资源、品牌曝光、人才引流等)?

举个例子,选择谁在创业型社群分享?我们可以选择企业老板、创始人。分享什么?对于创业公司来说,最需要解决的是人、钱、方向问题,我们可以把内容划分为以下几个板块。找人:如何找人、找什么样的人;找钱:如何找钱;找方向:什么样的方向是有潜力的,为什么这个方向属于"红海",进军这个领域有什么需要注意的,等等。

通过组合、筛选罗列出很多一级主题、二级主题。对于社群运营者来说,可以拿着这个主题清单去找相应的创始人进行分享。我们还可以根据清单规划未来社群输出的内容,并将这个规划作为拉新的"诱饵"。

对于分享的主讲人而言,在社群内分享,既可以实现自己品牌的曝光,又可以通过跟社群成员的交流,解决人才和资源,甚至是供应链服务的需求问题。对于群成员来说，其通过分享学到了相应知识，自然就能增加对社群的黏性，社群整体的活跃度也会有所提升；而社群活跃度的提升，又能反过来吸引更知名的分享人。这就形成了一个闭环，这个闭环可以促使社群持久地正向循环起来。

案例：薄荷阅读付费社群栏目化制定策略

我们通过以下真实案例进一步了解社群栏目化运营策略，在社群整体的运营中有哪些优势，以及如何通过栏目化运营策略来实现社群用户的活跃及用户关系的递进。

薄荷阅读是一个付费社群，主要的引流入口是公众号，用户通过关注公众号了解社群具体是做什么的。用户要想进入社群，首先需要报名，这是门槛设置。除此之外，用户还需要进行英语水平测试，以便根据用户的英语水平推荐适合用户读的英文书。用户报名后，运营人员就会把用户拉到社群中。

社群名称是100天英文训练营，我们可以知道这个社群的共同目标事件是每天十分钟，读完四本英文书，实现累计10万字的阅读量。开课期间，试听课程不满意无条件退款，起到了建立用户信任的作用。

社群中还会提示：坚持打卡满80天，可以将价值200元实体书带回家。这是一个活动，也可以看成是一个"诱饵"。以上是该付费社群的运营机制。

薄荷阅读付费社群大致分为三个板块。

栏目一：每日提醒。

每天早上推送当日的学习课程，包括拆分好的阅读文章与同步音频，适合当前等级的每日词表，以及完成阅读后的3～5道阅读题。

栏目二：每日分享。

每晚八九点，学习群内会有专门的老师进行授课。因为薄荷阅读社群的目标用户大多是在职人群，因此安排在晚上进行教学。这样可以最大化地保证用户的学习质量。薄荷阅读社群明确告知用户，白天只是互相讨论，晚上才是教学时间，老师提供教学、答疑等服务。

栏目三：每日精选。

公众号推送老师当日讲义，这就相当于社群中的精选内容。对于部分没有参与学习的用户来说，学习老师的当日讲义也一样可以保证学习质量。这个板块的内容在以后做社群引流、裂变时可以作为内容"诱饵"。

薄荷阅读付费社群的栏目运营策略是借助公众号开发来逐步搭建的。社群运营想要保持足够稳定的活跃度，整个的运营机制和栏目设置就需要足够清晰。

例如社群内每天都会有一场分享活动，在固定的时间为用户提供服务，进行交流和答疑，公众号每天都会在固定时间推送用户当天需要完成的作业及老师的课程讲义。

这两个栏目构成了用户每天都需要做的事情，这些事情又能为最终的共同目标事件助力，最终帮助用户实现英文词汇量的积累。

对于学习型社群来说，通过社群真正学到东西，是用户的核心需求。无论是用户活跃度的提升还是用户关系的递进，真正学到东西是一切的前提。因此，在制定社群栏目化运营策略时，必须让用户能够非常清晰地看到社群运营规则，从而通过观察了解加入社群的好处。

第三节　社群活跃的前端运营：创造"4感"

前端运营工作更多的是维护工作，也就是靠社群运营者的一项项具体的工作，使提前设计好的东西更好地落地，并创造出我们希望的社群氛围。

社群活跃的前端运营，核心是要创造"4感"，即仪式感、参与感、组织感和归属感。所有的社群内容都应该围绕这"4感"进行维护。

一、社群运营中的仪式感

仪式感可以说是社群"4 感"中最重要的,也是另外"3 感"的基础。所谓仪式感,就是借由某种仪式带来一种态度,强化某件事情的重要性,从而提升参与者对这件事的重视程度。

如何打造社群的仪式感呢?首先,我们应该意识到,仪式感应该是贯穿整个社群运营过程中的,我们把它分为三部分,**分别是入群标准、欢迎仪式和内容输出。**

(一)入群标准

不像社群运营的其他工作,有具体的事件支撑,仪式感很多时候是一种感觉,一种潜移默化的影响力。对于用户来说,入群资格的筛选,也是一种潜在的影响力。

一般的入群标准分为筛选制和邀请制,根据不同的行业及社群定位来选择。入群标准可以让用户意识到,加入这个社群是有难度的。用户成功入群后,就会有一种被认可的感觉。

(二)欢迎仪式

这部分应该是大多数社群都比较重视的,也是创造社群仪式感最重要的一点。

关于这部分,新人进群的自我介绍最好有固定模板,这样便于成员之间快速认识,并找到共同话题。

这里有个小技巧:无论社群是准入制还是邀请制,最好固定在某个时间段,统一安排进群。在新人进群前,群管理人员可以在群内通知老用户,让大家做好迎新准备。待新人进群后,由管理员作为主持人,让新人按照介绍模板进行自我介绍,同时带头做出专属的新人问候。

自我介绍的内容可以包括:姓名、所在行业、从业经历、兴趣爱好、可以提供的帮助、想要获得的帮助等。

把新人入群看作是一场专属活动，这样既能让老用户感觉社群在不断壮大，也能让新人感觉到被重视、被认可。这对于新老成员之间的破冰是非常有效的！

（三）内容输出

在内容输出环节，也就是日常运营过程中，我们也要学会时刻创造仪式感，具体可以细分为两个部分。

（1）根据社群的栏目化板块创造仪式感。比如在做社群分享活动时，无论是接龙形式的报名、接头暗号式的打卡、签到，还是用户会诊板块，主题讨论的流程化、成员答疑之后的感谢形式等，整个社群所有栏目，在内容输出过程中都可以创造仪式感。

（2）在社群成员情感流动的过程中创造仪式感。这种仪式感可以通过创造社群专属的问候语、称呼，甚至是专属表情包等来实现，从而不断强化用户对于社群的认可。

当然，这种仪式感的创造未必适合所有社群，对于那些有一定品牌效应，或者说社群发展到达一定阶段的社群而言更合适。

说了这么多关于仪式感的内容，究其根本，之所以创造仪式感，是为了让所有社群成员都能有参与感。我们可以这么理解：仪式感的创造是为了引起用户对社群输出内容的重视，最终目的是让用户获得参与感。

二、社群运营中的参与感

为什么要让用户获得参与感？因为这是持续抢占用户注意力的最好办法。让社群成员有主人翁心态，从而成功激发其产生参与某一件事的内在驱动力，这样他才会把更多的时间、精力放在社群。

想要打造出参与感，其核心只有一点：**互动！**

因为互动是了解的基础，在这个基础上，才有可能产生情感连接。在具体的操作上，我们可以从以下两个层面出发。

从情感上来说，我们要营造出一种强烈的情绪，包括认同感、被尊重感，还要为用户创造某种可能性，比如炫耀、猎奇等。如果条件允许，我们还可以创造出社群的稀缺感和唯一性，比如设立社群专属表情包。

从具体事件上来说，要围绕共同目标事件多策划一些话题、活动，并在这个过程中提供一定的物质奖励，甚至我们可以更进一步，激发用户的对比、竞争意识，比如设立积分排行榜、进度完成排行榜等。

三、社群运营中的组织感

我们在讲社群组织感的时候，大多数情况下是指社群要正常运行，社群成员就必须有组织性，否则会一团糟。比如通过对某主题活动的分工、协作、执行等保证社群的战斗力。也就是说，这种组织感是从社群运营者的角度来打造的。

有一个小群效应的理论，就是每个人都渴望成为小池塘里的大鱼。所以，我们要从现有的社群成员中挖掘、培养有能力的人，赋予其一定的组织权限来协助管理社群。对于该成员来说，他将获得无可替代的、最高级别的参与感。

在线上，我们可以将某些板块内容交由某位成员进行内容输出，或者把某一类活动交由其组织。最常见的就是用户会诊这个板块，从问题收集、筛选到会诊的主持等工作，交由某位成员来组织。

在线下，最常见的就是成员聚会。很多社群都会组织成员线下聚会。这时候我们可以把其中一部分工作交给平时比较活跃或者忠诚度比较高的社群成员来做，比如由该成员负责对接、安排活动签到等。这样也能反哺线上，提升其活跃度。

除了以上这些，打造专属的社群产品也是打造组织感的一种方法。这适用于学习型社群、知识付费行业类社群。比如秋叶大叔的社群、猴子数据分析的社群等，他们都有相对应的知识付费课程，这些课程内容基本上都是由社群成员共同打造的，收益也是共享的。

四、社群运营中的归属感

从一定程度上说，归属感是社群的灵魂，只有成员认同、归属社群，这个团体才能长久。关于归属感的打造，其实之前讲到的凝聚共同价值观，以及仪式感、参与感和组织感的打造等，这些内容的最终的目的或者说带来的影响，都是带给成员归属感。

我们创建社群，首先需要确保有内容、有互动，这样才可以提高用户的参与感。而最好的参与感，是通过策划话题、活动等内容，来培养、提高用户的组织感。整个过程都有仪式感来作为支撑，最终目的是实现用户获得归属感。

案例：秋叶 PPT 社群是如何提升用户活跃度的

火遍全网的"秋叶 PPT"社群，其创始人张志是教师出身，"粉丝"亲切地称他为"秋叶"。

作为全国屈指可数的知识社群，规模达到百万级，拥有庞大的社群矩阵和新媒体矩阵，其在互联网上的影响力可见一斑。不管是知识社群、大 V 社群、教学群等，每一个社群的成员都始终保持着非常活跃的状态。这其中有非常多值得我们学习和借鉴的地方。

一、培养优秀学员成为趣味教程的作者

"秋叶 PPT"社群在建立之初，主要是教授学员制作 PPT，是一个典型的学习型社群。秋叶大叔也一直致力于培养学员们的操作能力，并且经常鼓励学员将自己完成的作业提交到微博上。对于学习型社群来说，学员提交作业也必须具有一定的仪式感。只有这样，才能最大限度地激发学员的热情。

当然，只有仪式感远远不够，为了更好地激发学员的挑战欲和主动做作业的兴趣，秋叶大叔会不断地从学员提交的作业中寻找创新点，一旦发现学员的作业有创新点，就会鼓励和指导他们创作属于自己的趣味教程。这样原本的学员就转身一变，成了教程的作者。新的社群成员在学习教程之后，在微博上提交作业时，都被要求必须"@"作者本人微博。这一规定，对于教程作者而言，是非常具有成就感的一件事。

随着时间的不断推移，目前"秋叶PPT"教程的作者大部分都是曾经的付费学员，秋叶大叔通过培养优秀学员，让其变成趣味教程的作者，不断提升学员的参与感。而当优秀学员成为教程作者，在微博上被新的学员不断提及时，优秀学员对于"秋叶PPT"社群的归属感会不断增强。

让学员参与教程的开发，除了可以提升学员的参与感和归属感之外，对于"秋叶PPT"而言更大的意义则是，从一个学习型社群逐渐转化成一个内容自循环的众包平台。这种利用互联网将工作分配出去，从而解决发现创意和解决技术问题的全新商业模式，为"秋叶PPT"的商业变现提供了更大的可能。

二、"秋叶PPT"教学的作业之道

为了不断地提高学员的活跃度，"秋叶PPT"始终秉承着让学员真正参与进来的做法。除了上述鼓励学员做趣味教程的方法，"秋叶PPT"其他栏目的运营，也都会想办法让学员参与进来，例如微信三分钟教程、和秋叶一起学PPT等。

对于学员来说，通过趣味教程的制作，在微博上被学员提及可以获得足够的成就感。可是对于社群而言，只让成员有成就感是不够的，为了更好地提升社群的活跃度和增强社群的黏性，就必须想办法让成员不断获得参与感和挑战感。因此，为了更好地激发学员的想象力和创造力，团队特意打造了一门实践性课程——"群殴PPT"。

每周四"秋叶PPT"都会发布全新的"群殴PPT"题目，同时，团队会为学员上传一份模仿教程，主要是让那些完全不会做的学员能够有一个可以模仿的范例。优秀学员可以在运营"群殴PPT"的过程中获得应有的回报，例如个人成就、与其他社群的合作收益、不定期的聚餐等。

"秋叶PPT"团队会把每一期的"群殴PPT"题目通过微信公众号、微博等新媒体渠道发布出来，让更多的人参与答题，这可以最大限度地帮助社群不断扩大影响力。

接下来，当学员参与"群殴PPT"达到一定水平之后，为了满足成员更希望交出一个完整作品的需求，"秋叶PPT"团队为这些优秀学员设置了更高级别的挑战：阅读相关书籍并将其做成PPT。

最开始的时候做的是读书笔记PPT，之后通过老师的讲解和示范，"秋叶PPT"团队就会鼓励优秀学员为其他学员进行讲解示范。对于完成标准作业的学员，则会给予一定的奖励，例如一本制作PPT的专业书籍。

"秋叶PPT"社群通过"和秋叶一起学PPT""微信三分钟教程""群殴PPT""读书笔记"等栏目的运营，一步步地让学员养成交作业的习惯，并且不断鼓励学员参与进来，让学员从这个过程中不断获得参与感、成就感及归属感。这就是"秋叶PPT"的作业之道，也是其提升社群活跃度的一大利器。

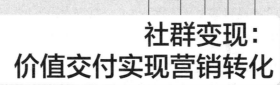

第六章 社群变现：价值交付实现营销转化

社群运营的最终目的是实现转化。在社群运营管理 D-TE-MR 模型中，社群变现是最后一个环节，即 M 部分。

从企业的角度看，我们在前期规划时，应该先确定社群定位，然后确定社群变现的方式。等这一头一尾明确之后，再去设计社群引流、社群活跃等板块的内容。

第一节　社群变现的本质是价值交付

一、社群变现是一种筛选机制

社群变现就是通过运营社群实现赚钱的目的。我们通过运营社群把产品、服务推给用户，让目标用户变成付费用户。需要注意的是，社群变现并不是社群的共同目的。前面说过，不同的社群承载着不同的功能，要实现不同的目的，比如引流群、转化群。转化群需要变现，而引流群不需要。

在深耕用户关系这一路径上，我们可以发现，社群变现主要存在于目标用户与核心会员之间。也就是说，用户关系从目标用户变为核心会员，主要的判断依据是用户是否付费，用户关系的判定如图 6-1 所示。

图 6-1　用户关系的判定

从这个角度来看，社群变现其实是一种筛选机制，可以判定用户关系的变化，筛选出愿意付费的用户。

二、提供价值交付才能持续变现

大家觉得变现难吗？

我想，很多人会觉得非常难，因为有太多的社群无法实现变现。但我认为，把一种产品或者服务卖给一个人并不难，**真正难的是可持续变现！**

所以，当我们聊社群变现的时候，首先需要考虑：你是希望通过社群运营实现成本的回收，然后再赚取一些零花钱，还是希望开创一个新局面，实现商业化的可持续性收入？这两种需要有完全不同的支撑系统，其目标实现的难度和路径也完全不一样。

接下来我们重点探讨第二种，即实现商业化的可持续性收入。

关于社群变现，归根结底，是一种商业模式的探讨。我们说社群的本质是连接用户，而价值是连接的核心本质，也是驱动力。无论是社群的组织者还是参与者，其真正的需求和目的都是通过连接获取某种价值。

综上所述，社群变现要想实现商业化的可持续性收入，就是要持续地为用户提供价值。所以，社群变现其实是一种价值交付。说得通俗一点，用户之所以会有转化、买单等行为，是因为你向用户交付了某种价值。

三、价值交付的三个阶段

既然说社群变现的本质是价值交付，那么我们可以将整个社群运营的过程分为三个阶段：创造价值、感知价值和交付价值。

首先是创造价值。时下很火的知识付费社群，比如创作者把自己所在行业的一些知识整理并制作成课程售卖，其本质就是价值创造。某些实物产品，像化妆品、健身器材等，用户之所以购买，并不仅仅是对该产品有需求，更深层次的是对美丽、健康的需求，这是价值所在。

其次，当我们创造了价值，在运营社群的过程中，需要通过包装让用户感知到这份价值。不管是文案、社群话题设计还是专题活动，都是围绕这个核心价值展开的。

最后，因为有了创造价值和感知价值，才可以交付价值，用户愿意为这份价值买单。

在实体线下时代，产品、厂商创造价值，传媒负责让用户感知价值，物流交付价值。互联网时代，电商承接了价值感知和价值交付两部分工作。

无论是哪个时代，让用户感知价值始终是最难的部分。今天我们看到传统媒体的陨落，就是因为感知价值的方法变了。熟人背书、意见领袖背书，这些离我们很近的、真实的人对我们的影响变得越来越重要。品牌人格化、个人 IP 化都是这个感知价值环节的变化带来的结果。

对于实体产品而言，物品交易过程最简单，留给创造价值和交付价值环节精进的空间相对有限，这两个环节竞争的是精细化运营水平，所以才会有社群、私域等形式的兴起。

另外，与简单的物品交易不同，对于精神体验产品，以及被加载了很强的精神属性的实体产品而言，价值提供过程更加复杂。当我们说消费升级的时候，谈论的并不是消费价格的升级，而是对人更高级需求的满足能力的升级。马斯洛需求层次模型告诉我们，人的最高层次需求是精神需求。对这类产品而言，价值交付的核心是精神需求的交付。

四、价值交付的核心

回到最底层的问题，社群运营如何满足人们的精神需求呢？大多数社群都停留在物物交换的层面。你无法触及用户精神层面，更不要说去满足其精神需求了。

我们先来看看互联网的发展，不管是 4G、5G 技术，还是其他领域的科技发展，几乎所有技术的发展都在不断靠向一个地方：体验！即所有科技的进步，都是为了人们能有更好的体验，如图 6-2 所示。

想要触碰用户的精神层面，满足其精神需求，最好的办法就是提供优质体验！无论是为用户提供价值的三个环节，还是前面我们讲到的社群活跃两大黏合剂，其实核心都是体验。甚至于用户关系变化的最终目的——使其成为我们的铁杆粉丝,也是希望通过精神层面的连接,让其获得更进一步的体验,从而实现更多价值观的统一。

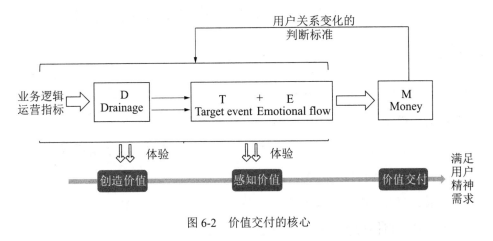

图6-2 价值交付的核心

第二节 需求三角:破解社群用户消费者需求密码

价值感知是价值交付的三个阶段中最难的,即使企业对自己的产品或服务非常有信心,也不一定能高效地把产品或服务的价值推送给用户,使其感知到。

一、需求三角模型的组成

对于社群交付的价值,我们应该站在用户的角度来判断。要想让用户感知到价值,就需要有一把能够破解消费者需求密码的钥匙。这把钥匙在营销体系里被称为需求三角模型。**需求三角模型由缺乏感、目标物和能力三个要素组成。**

缺乏感: 指理想与现实之间的差距。

目标物: 是用来弥补理想与现实之间差距的,可以指某样东西,也可以是一种方法。

举个例子：夏天，你在逛街，感觉口渴（口渴这种感觉就是一种缺乏感），想要一杯冰饮来解决口渴的问题（这杯饮料就是目标物），目标物是能填补落差的，所以这杯饮料最好是冰饮，要能解渴，而不是为了填饱肚子或去火。

我们很容易发现，缺乏感与目标物结合就是动机。一旦消费者的动机构建成功，我们的营销可以说就成功了一半。

能力：就是用户采取行动的成本，这里不仅指消费者的经济能力，还包括学习能力、信任成本等。很多社群运营，前期无论是引流还是活跃都做得不错，但是最终的转化却上不去，问题大部分出现在这一点上。

回过头来看，用户需求的形成，可以用最简单的一个公式来体现：

缺乏感 + 目标物 = 动机 + 消费者能力 = 需求

这就是破解消费者需求密码的钥匙，也是我们在为用户提供价值时，让其感知价值的核心。

二、引流阶段：重新规划购买路径

图6-3是依托需求三角模型，重新思考的用户拉新环节的五个核心问题。

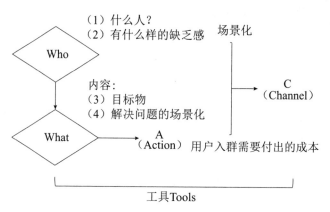

图6-3　依托需求三角模型的用户拉新五个关键

在社群引流阶段，我们要做的就是引发用户的关注。用需求三角模型来理解，就是要想办法激发用户潜在的缺乏感。比如在明确 Who 这个问题时，要先明确目标用户是谁，这类人会有哪些缺乏感，然后通过场景化的形式把缺乏感描述出来。之后 What 就是我们能提供什么，这里的内容并不是讲清楚目标物是什么，而是让用户意识到，当他拥有了目标物后会有什么样的改变。也就是说，通过前后场景化的对比，来突出目标物与缺乏感之间的关联性。

在激发用户的缺乏感时，我们还需要考虑目标物与缺乏感的适配性，不能目标物小，而缺乏感强；不能目标物太大，而缺乏感弱；更不能两者关联性不强。

三、活跃阶段：让用户自己体验

在社群活跃部分运营工作中，我们需要包装目标物，并能让用户有使用体验。

首先是包装。任何产品都需要包装，毕竟我们在刺激用户潜在缺乏感的时候，是通过增加价值的形式运作的，所以我们在输出目标物时也需要美化。至少你需要向用户证明，你的产品确实能够弥补他的缺乏感。

然后是体验。体验是为用户提供价值最好的办法。

在如今流量红利消失的客观背景下，很多做社群运营的人为了维护用户黏性，根本不敢要求用户，恨不得把用户该做的事全部替他做好了，凡是能够节约用户时间的事都做了，觉得能做就全做了，这样用户在决策的时候会更容易。

这个逻辑在流量红利时代没什么问题，即便在当下，针对一些硬件类的产品同样适用。但是对于一些拥有高附加值，以及精神属性强的产品而言，例如知识付费社群，你会发现，你替用户把所有事都做好了，最后的结果依然不乐观，究其根本，是你忽略了用户体验的重要性。

所以，想要让用户意识到你提供的产品或服务能够弥补他的缺乏感，最好的办法就是让用户自己体验，他付诸行动，参与共同目标事件，并在这个过程中获得参与感，最终感知到价值。

四、变现阶段：助推下单

这一阶段涉及用户的消费能力，其中最常见的是能力成本。能力成本可分为金钱、形象、行动、学习、健康和决策这六个部分。

（1）金钱成本：可以通过试用、试听、限免、促销等手段来实现。

（2）形象成本：是否损害形象？尤其是对于实物类产品而言，一些女性用户非常在意包装、外观等因素。

（3）行动成本：是否麻烦、耗时？比如很多知识付费的课程都设计成10分钟一节课，用户在上下班时间可以收听，就是出于行动成本的考虑。

（4）学习成本：额外学习，改变使用习惯。有些专业技能类的课程会采用傻瓜式的教学方式，就是出于这点考虑。

（5）健康成本：是否造成健康损害？

（6）决策成本：可以通过增加信任背书，如与公众人物合作、名企效应等来实现。

其实，关于消费者能力，在最后的环节主要是起到助推作用，当我们激发出用户潜在缺乏感，并利用内容运营等手段，让用户体验到目标物所带来的价值感之后，最后的变现也就成了水到渠成的事情。

这也是我们在讲社群变现环节的时候，常常会去回顾社群引流和社群活跃板块的原因。因为前两个板块成功激发出缺乏感和目标物之后，就意味着创造价值和感知价值环节的胜利，因为这时候用户消费的动机已经出现，最后交付价值时只需要再配合一点技巧降低用户的消费成本，就可以轻松实现变现了，如图6-4所示。

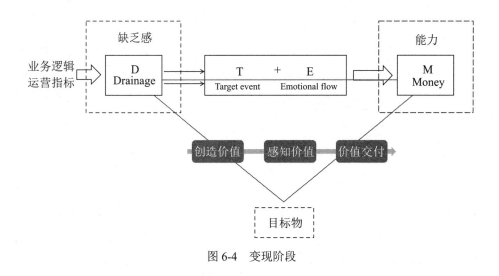

图 6-4 变现阶段

第三节 文案创作逻辑及公式

用户从关注到最后完成变现,其用户心理决策变化路径可以分为 5 个阶段:引发关注、了解更多、激发欲望、决策对比和付款,如图 6-5 所示。

图 6-5 用户心理决策变化路径

我们该如何运用用户心理路径的变化,从而对社群运营的各环节进行合理布局和执行呢?

在回答这个问题前,我们先来思考一个问题:人与人之间的交流,我们主要依靠的是什么?社群运营过程中,我们与用户之间的交流,或者说用户感知价值,我们交付价值,整个过程主要是通过什么来实现的?

答案显而易见,就社群运营而言,无论是内容的输出形式,还是与用户之间的交流,我们主要依靠文字来呈现。回过头来看,社群运营中从战略战术到具体的执行,最关键的就在于文案。我们需要通过文案来引导用户,完成整个购买路径。

不管是创作长文案还是短文案，不管是社群运营的日常维护还是社群活动的开展，其底层逻辑，或者说最基本的要素主要有5个，分别是好奇、诱因、解决方法、好处和号召。

一、好奇

就线上世界而言，时间等于容器，社群运营本质上是注意力经济。你想要抢占用户的时间，引起他的关注，最好的办法就是让用户对你产生好奇。无论是对你的内容、活动还是社群的名称等，只有他好奇了，才有可能关注你，从而有进一步连接的可能。

二、诱因

站在用户的角度来看，他会因为什么对你产生好奇？

我们来探讨这个诱因。一般而言，诱因都是跟用户自身利益相关的，最常见的包括渴望改变、有所企图、想解决某个问题三点。

（1）渴望改变：很多人对于自己的现状是不满意的，我们的文案可以抓住用户这一点，不断激发其渴望改变的心理，从而完成引导。

"你想一个月内瘦身20斤吗？""想知道，我是如何在40岁之前实现财务自由的吗？"这类文案就是抓住了用户渴望改变的心理。

（2）有所企图：指用户想要做成某件事，但他并不知道如何去做，或者说当下他采用的方法存在问题。比如用户因为工作关系，想要学习用户增长相关的知识，但他不知道该从哪里入手，也不清楚需要学到什么程度。这时候，我们的文案就可以突出几个关键点，例如针对0~3年运营经验的新人，从用户获取、转化到用户运营，全链路设计让你快速掌握用户增长的核心。

（3）想解决某个问题：从社群运营的角度来看，这一点是引起用户关注的最佳方式。毕竟用户之所以会加入某个社群，总是想获得一些东西，进而解决当下的某个问题，不管是人脉资源的获取还是知识层面的，抑或是产品需求、习惯培养等。将这一点作为诱因，可以有效关联用户感知价值这一阶段的工作。

上述这一点通常是以故事的形式来吸引用户关注。比如，曾经我漫无目的地在网上学习着各种不靠谱的社群运营知识，结果花光了积蓄却依然一脸懵，直到我学习了××课程才顿悟，现在我不仅掌握了社群运营的底层逻辑，还能够有效落地执行，实现逆袭……

所以，你想要吸引什么类型的用户，直接从他们最迫切想要解决的问题切入。

最后，我们再用文案把具体的内容描述出来，就可以有效吸引用户的注意，从而实现引流，并为最后的社群变现跨出踏实的第一步。

三、解决方法

关于解决方法，一般有两种思路：一种是直接告诉用户，购买某种产品或服务，就可以解决问题；另一种是告诉用户当遇到某个问题时应该怎么做。

从营销的角度来看，这两种方式各有优势。但是放到社群运营里，则第二种思路更好。毕竟我们运营社群，除了要完成变现，还要改变用户关系，实现深度连接。我们通过共同目标事件的设计，让用户通过亲身体验掌握解决问题的办法，并在这个过程中产生情感交流。这才是社群运营过程中，我们能提供解决问题方法的最好手段，如图6-6所示。

四、好处

结合需求三角模型中的能力成本，就是提供某种好处来降低用户的成本，变相为用户在决策阶段提供助力，一般是通过营销活动来实现的。关于营销活动的内容，下一章将进行详细讲解。

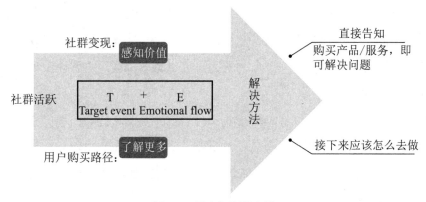

图 6-6 解决问题的方法

五、号召

这里的号召其实有两层意思,第一层是号召用户下单,让用户通过分享实现多人下单享优惠等;第二层意思增加了精神属性,我们提供了一种比产品本身更具精神属性的东西,比如梦想、对未来的美好憧憬,让用户不再单纯为产品或服务买单,而是让他为自己的梦想买单。

我们在进行文案创作的时候,可以围绕以下几个公式进行撰写。我们可以结合自己的实际情况选择合适的要素,组成合适的公式来创作。

- 问题+后果+解决办法。
- 问题+方法+列举好处+行动催促。
- 时效+结果+方法+承诺。
- 故事+困境+方法+美好未来。
- 时效+结果+限时限量+高价值赠品。

第四节 社群运营不同环节的布局和执行

最后让我们再回到开始的那个问题:如何运用用户心理路径的变化,来对社群运营的每一个环节进行合理布局和执行呢?

社群变现过程中,用户的心理路径变化,从引发关注到了解更多,再到激发欲望、决策对比及最后的付款,经历过以上 5 个过程。

整个用户购买路径的引导,其底层的内核是由创造价值、感知价值和交付价值三个环节作为支撑和动力的,具体则是通过文案包装这种呈现方式来展示给用户。

其中,好奇、诱因、解决方法、好处和号召作为文案的 5 个关键要素,分别对应用户购买路径的不同环节,也对应了我们社群 D-TE-M 模型的不同板块,如图 6-7 所示。

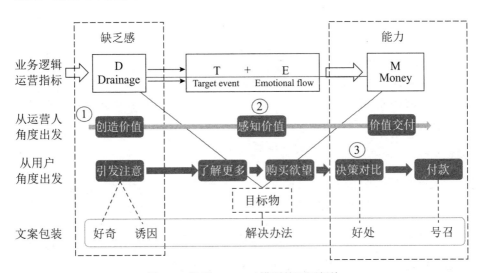

图 6-7　社群 D-TE-M 模型的不同版块

从整体上看,社群运营划分为三大板块,分别是 D 引流部分、T+E 社群活跃部分,以及 M 社群变现部分。

从社群变现的角度回顾整个社群运营,整个过程就是为用户提供价值,核心包含创造价值、感知价值和价值交付三个阶段。

从用户的角度来看,其购买路径的变化又可以分为引发关注、了解更多、激发欲望、决策对比和付款五个环节。

我们在进行社群运营时,需要通过文案包装这种社群运营中最主要的呈现方式，来引导用户完成整个路径的转化。

这就是社群变现完整的，从战略、战术到具体的术法，从运营模型到用户路径，再到具体的执行落点的完整模型图。当你理解了这张图之后，你就会发现社群变现其实并没有想象中的那么难，关键是我们的注意力不能只停留在变现这一个环节上。想要实现社群变现，我们就需要把目光往前移，从最初的社群引流开始，就要为日后的变现做好铺垫。

另外，如果我们需要策划一些社群活动，关于活动放在哪个环节，应该以什么样的主题、形式存在，更应该突出什么来作为活动的核心内容，这些都是需要你有意识地思考的。

我们经常看一些成功的活动，通过拆解、分析去了解并掌握其关键内容，但是自己做的时候，依然没有任何效果。这是因为无论你怎么拆解、学习他人的活动，都仅仅停留在活动策划的层面，而放到整个社群运营的维度上看，因为不同的环节目的不同，作用也不一样，你需要侧重的点也是不同的。

只有你完全掌握，并且理解了整个运营规律，才会知道如何策划、如何落地执行。

关于社群变现环节的总结：

关于社群变现的本质，站在企业的角度，是一种筛选和判断机制，是帮助我们判断用户关系所处阶段的主要依据；站在用户的角度，社群变现其实就是一种价值交付，你能够满足用户需求，就能实现变现。

想要实现这一目的，我们就不能局限在社群变现这一环节，我们需要把目光往前移，从社群运营的最初，也就是引流环节就开始布局。整个价值交付的过程可以分为创造价值、感知价值和价值交付三个阶段。它分别对应了用户购买路径的五个不同环节。而从消费者需求角度来看，它同样对应了需求三角模型的三个不同部分。

以上过程，我们都是通过文案包装这种最主要的呈现方式来展现给用户的，从而引导用户完成社群变现路径的转化。

扫码获取社群运营 D-TE-MR 模型全链路全景图

第七章

社群活动：
如何从0到1策划一场线上活动

第一节　社群活动目标拆解

一、明确活动目标

想要打造一场高质量的社群活动，首先要明确活动目标。

比如以引流为目的的活动，你要传递的核心内容应该是以诱因激发用户的好奇心，从而获得关注。

以提高社群活跃度为目的的活动，需要设计共同目标事件，目的是促进成员的情感流动，这类活动周期相对较长，且要尽可能让用户亲身体验。

以促进社群转化为目的的活动，内容策划的重点是突出好处，也就是降低用户的能力成本，提供决策对比的助力。

当我们明确活动目的的时候，不能只有引流、增粉、转化这类表象的目的，还需要进一步拆解，站在用户的角度来分析，活动目的是要引起用户关注、激发用户欲望，还是降低用户购买成本，为用户购买决策提供助力。一场真正意义上的高质量社群活动，除了能实现引流、激活、转化这类短期、表象目的，它更是服务于社群营销的长线目的，为实现企业与用户的关系递进提供助力。

二、社群活动目标拆解技巧

社群活动目标的拆解，其实就是把社群活动的目的量化，拆解为一个个可以被衡量的数据指标。例如以社群引流为目的的活动，可以量化为吸引什么类型的用户、需要实现多少数量的引流；以激活用户为目的的活动，则需要明确什么样的行为标准，可以被判定为用户被有效激活？具体需要激活多少用户？等等。

社群活动的目标拆解具体可以分为以下三个步骤。

（一）画出用户关键路径图

活动各环节都有可能存在用户的流失，所以我们需要在每个关键节点设置相应的目标，尽可能地提高每一步的转化率及减少流失。

比如以引流为目的的社群活动，用户大致上会经过图 7-1 的几个环节。

图 7-1 以引流为目的的社群活动

比如以销售转化为目的的社群活动，用户大致上会经过图 7-2 的几个环节。

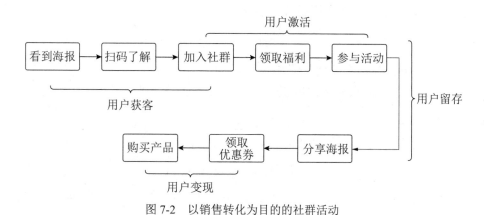

图 7-2 以销售转化为目的的社群活动

（二）找出用户路径上影响目标的关键因素

比如，以用户转化为社群活动的最终目标，根据公式"销售额 = 客单价 × 用户数 × 转化率"，可知客单价、用户数、转化率可以影响最终的销售额。而客单价是固定的，所以目标用户数和转化率是关键因素。

再如，以引流为社群活动的目的，社群引流规模主要受渠道曝光量、海报文案等的影响。

（三）设置关键因素的数据指标

在路径的每个关键节点上，对能影响目标的关键因素设置具体的数据指标。比如，我们需要通过活动实现 5 万元的销售额，用户完成销售转化的大致路径可以分为获客、激活、留存、变现四个环节。因为客单价是固定的，所以销售额的影响因素是目标用户数和转化率。我们可以在每个阶段都设置具体的目标用户数和转化率。这里的目标设置需要倒推，即从最后一个环节往前推，比如我们从第四步开始往前倒推（假设客单价 300 元）：

第四步（变现环节）：目标流量 240，对应转化率 80%。

第三步（留存环节）：目标流量 350，对应转化率 70%。

第二步（激活环节）：目标流量 900，对应转化率 40%。

第一步（获客环节）：目标流量 6000，对应转化率 15%。

如果在实际操作中，我们可以做到每一个环节都完成目标数值，那么实际最终完成的销售额 =300×240×80%=57600（元）。

设置完每个阶段的具体数值，我们就成功地把最终的活动目标以定量的形式拆解了。

我们在设置具体的转化率和目标流量时，主要遵循两个原则：

第一，根据过往所做活动的经验，做出数据假设。

第二，如果公司没有过往活动的经验，那就参考行业的平均值，利用第三方工具或者权威机构发布的数据报告获取。

活动目标拆解的好处就是让我们清楚整场活动的每一个环节，掌握活动整体的进程，对于后期的复盘也会有帮助。知道哪一步做得不够好需要调整，也能清楚想要达到某一节点的目标需要做什么。

比如，上面第一步（获客环节）需要有目标流量 6000，那么按照正常转化率 3% 来计算，我们这场活动的曝光量就需要达到 20 万以上的水平，按照目前正常的CPM（指千次广告展现的费用）50元/1000次来计算，可能需要1万元左右的广告预算。当然，若预算不充裕，我们可以选择通过提升转化率来实现活动目标。

第二节 高质量社群活动成功的三要素

高质量的社群活动能够沉淀出经验和价值内容，形成长效追随效应，成为企业营销的助力，并进一步实现社群运营的最终目的：实现更多价值连接和用户关系递进。

到底应该如何打造一场高质量的社群活动呢？除了需要明确社群活动的目的，以及具体目标的拆解外，还需要在策划阶段提前做好以下三个方面。

一、社群活动的噱头和利益点设置

1. 噱头

什么是噱头？就是给活动一个能够吸引人眼球的理由，也就是告诉用户，我为什么要做这场活动。

最常见的就是利用节日做营销活动，除此之外，还包括各种大事件（如世界杯、奥运会）、热点突发事件或者自造热点等。其实，很多理由都可以拿来当噱头，关键就看怎么包装噱头。

比如2017年，由新世相策划的"逃离北上广"活动。"逃离北上广"其实是一种社会现象，但是被新世相拿来直接作为活动的噱头，瞬间吸引了用户的关注，获得了很多人的关注和讨论。

一个好的噱头，不仅可以吸引用户的关注，还能让活动在战略上立于不败之地，可以在第一时间抢占用户的注意力。

2. 利益

有了活动噱头，下面就要明确活动利益点，即用户参与活动能够享受到什么福利。需要注意的是，活动的实际利益要大于用户的期望，超出期望值越高，活动效果就越好，这对之后的分享裂变也能起到足够的推动作用。

社群活动的噱头和利益点，可以说是打造高质量社群活动的基本条件，也是活动宣传时的重点。有一个横幅图制作的黄金法则：**优秀的活动宣传＝噱头＋利益＋爆款图**。

二、社群活动的文案创作

我们需要通过文案来传播社群活动、引导用户参与。这里的文案不仅仅指文字创作，还包括活动海报、话术等内容的设计。

对于社群活动而言，活动文案能否激发用户的好奇是最关键的一点，它是促使用户参与活动的决胜条件。能否通过文案、海报、话术等内容，找到目标用户的痛点，引发用户共鸣，并激发其采取进一步行动，是衡量社群活动文案优劣的关键指标。

三、社群活动的玩法设置

社群活动的玩法非常多，比如打卡/签到、抽奖、拼团等，这些玩法可以单独使用，也可以叠加。前文讲过的社群分享和用户会诊，也属于社群活动玩法的一种。

在设置社群活动玩法时需要遵循两个原则：创意性和可操作性。

1. 创意性

活动的创意性可以是玩法的创新，比如之前比较多的是满额立减、满额送形式，到现在的帮砍、拼团，再到各种挑战赛等；也可以从活动噱头、利益发放形式，甚至活动宣传方式上创新，比如像上文提到的"逃离北上广"活动，这场活动的本质就是通过免费赠送机票为私域流量池引流。从活动的噱头到福利的领取方式，以及活动前期的预热宣传，都创意十足。

2. 可操作性

活动的可操作性体现在两个方面：第一，从运营的角度来讲，这场活动要能被执行。这一点应该比较容易理解，就是你做的活动，你要有能力做，这里可能涉及公司的预算、提供的资源等限制条件，需要运营策划人具备足够的整合能力。第二，从用户的角度来讲，参与活动的成本越低，参与度就越高。若用户参与你的活动，理解你的活动规则，就需要花费大量时间成本和脑力成本，这场活动注定会失败。

第三节　社群活动节奏把控

社群活动的具体执行分为四个阶段，即预热期、启动期、高潮期和收尾期。社群活动顺利举行最核心的因素就是对节奏的把控，这也是最考验运营者能力的部分。

一、预热期

这一阶段的主要内容是引起用户关注，激发用户参与活动的欲望。

预热周期：根据不同的活动类型，预热周期并不相同。例如社群分享类活动，预热周期一般是活动前 1~2 天，而一些以用户转化为目的的营销活动，会适当延长预热周期，有的规模较大的社群活动，预热周期可以提前到活动前 2 周至 1 个月。

二、启动期

活动启动期也可以称为造势期,这一阶段的重心从活动噱头(话题)转移到活动本身,重点是要突出活动亮点和利益点,越是重大的活动,这一时期的精力投入越大。

不同的活动类型,启动周期也不一样,例如分享类活动,通常会在正式分享前1~2小时;而营销转化类活动,一般在活动正式开始前的1~3天。

在这一阶段,一定要把活动的主题、玩法等讲清楚,包括分享嘉宾的背景、活动分享主题、可以解决用户的什么问题等。换句话说,就是让用户清楚这个活动存在的意义是什么。

这一阶段可以搭配一些话题,比如一些大型活动有邀请明星参与,就可以在这一阶段公布,利用明星效应进行话题炒作;而对于一些中小企业而言,这一阶段可以通过噱头去包装产出一些能引起共情的话题,进行情感上的营销。如果是在玩法上创新的活动,则可以重点突出活动玩法,比如挑战赛这类的活动,可以对挑战内容进行营销,让用户提前参与进来。

三、高潮期

这一阶段的主要内容是做好活动过程的优化和数据监控等工作,随时解决活动中出现的各种问题。纯线上社群活动在这个阶段最主要的工作有两项。

(一)诱导互动

为了应对可能出现冷场的情况,要提前设置互动诱导点,还可以提前安排几个人热场。很多时候,开场有人带动一下,就容易使气氛变得活跃。

(二)随时控场

线上社群活动很容易受到他人的干扰,比如提出和活动无关的内容,这时候需要我们单独提醒相关用户，引导其遵守活动规则。

四、收尾期

这个阶段分为对内和对外两部分。对内是复盘，这部分下一节会讲解，这里主要讲对外部分。

每一场社群活动都能被沉淀出价值内容，并在之后的社群互动中进行输出。例如可以将活动亮点、嘉宾分享 PPT 等内容做成一份漂亮的总结，或者结合用户反馈等内容进行二次营销。这种用户心得体会分享，可以算是互联网社群运营的关键，也是口碑扩散的关键。

第四节　社群活动复盘

对运营者而言，活动复盘比活动本身更重要。毕竟没有哪个运营者敢说自己策划的活动一定能成功，活动复盘可以帮助运营者成长！

需要注意的是：活动复盘≠活动总结，活动复盘是为了总结成功经验与不足之处，为下一次成功举办活动积累经验。活动复盘通常分为四个步骤：

一、回顾目标，分析各项指标的完成率

在复盘一个活动时，第一步需要回顾之前拆解的目标，对照查看实际的完成情况，包括完成率、目标差异等。在这一步最好能将数据图表化，方便对比。

二、分析数据差异的原因

第一步，找出数据差异的原因，这里需要提供过程中的数据、截图等。

比如通过后台数据分析发现社群活动海报扫码率远低于目标值，或者在引流环节，某个渠道的活动曝光量远低于预期等。

第二步，根据目标与实际结果的差异，对上面分析的原因提出假设。例如针对社群活动海报扫码率过低这一现象，提出假设：是不是因为我们的活动文案不够吸引人，文案标题没有亮点，无法找到用户痛点，等等。

三、沙盘模拟

当我们通过过程中的数据、截图等分析了数据差异的原因，并对这些原因提出假设后，就可以进行沙盘模拟了，也就是对某个原因进行假设性的调整，看能不能从理论上实现最终的目标。

我们通过表7-1可以看到，活动海报曝光这个环节的实际转化率是低于目标转化率的，我们假设这一步的转化率能够达到目标值15%，很容易计算出最终的销售额是可以超过目标的。

表 7-1 沙盘模拟

项目	目标流量	实际流量	目标转化率	实际转化率
活动海报曝光	6000	6500	15%	12.62%
活动海报扫码	900	820	40%	41.46%
加入社群用户	350	340	70%	61.76%
领取优惠券用户	240	210	80%	84.76%
下单购买产品	192	178		
产品客单价/元	300	300		
最终销售额/元	57600	53400		

我们重点来分析一下，为何这一步的转化率没有完成。实际流量高于目标流量，说明这个渠道的活动曝光是没有问题的，但是海报扫码率过低有可能是因为我们的文案没有吸引用户点击，也可能是因为这个渠道的用户并非我们的目标用户，所以下次再做活动时需要思考是否继续在这个渠道上进行广告投放。

当然，上面这个案例是比较简单的，在实际过程中，一场活动的成败往往涉及多个节点，所以我们需要通过反复的理论测试来找出最终的问题，并对这一系列的问题进行排序。

沙盘模拟的目的就是找出问题的关键，一些有条件的公司甚至可以通过A/B Test 来进行测试。

四、导出经验

当我们完成上面三个步骤后，复盘工作就基本完成了，这时候我们需要把整个过程以文字或者PPT的形式整理成复盘报告。

复盘报告其实并没有固定的模板，关键是要通过复盘找出问题产生的原因，提炼有规律性的因素，避免以后在同一个地方出问题。需要注意的是，无论是在分析数据差异的原因还是在沙盘模拟的过程中，都不能流于表象，或者对于某一现象拍脑袋轻易做出结论，每一点都需要有数据或实例来验证。所以，复盘报告也需要包含这些，只有这样，才能知道造成某个结果的原因是什么，以及为什么这个原因可以导致这样的结果。

运营工作有时候确实比较烦琐，要想从这些繁杂的工作中积累经验，形成自己的体系，就需要不断地对自己的工作进行复盘。通过一次次的复盘，运营者能清楚地看到自己能力的不足。

第五节 如何从0到1策划社群训练营活动

训练营其实是一种授课或教学的组织形式，通常适用于以科学、经验、技能、科普等知识输出为变现导向的产品。比如在线教育产品、知识付费产品，都可以通过训练营这种活动形式来实现对目标用户的转化。

因此，可以把训练营看作营销转化的一种手段、一种形式。它的核心价值可以用八个字来概括：**集中流量、高频转化**。

通过"集中流量"可以高效、系统地培养用户的某种能力，同时基于专业化培训，可以输出专业化内容，从而降低用户的决策成本，最后基于社群特点，创造群体效应，实现增强用户黏性、提高付费率的目的。

一、训练营活动的关键要素

训练营活动由三个关键要素组成：课程、社群、活动。

（一）课程

课程，即内容，是训练营活动的核心。一个优秀的训练营课程至少需要包括教、学、测、练、评五项内容。训练营课程的内容设计如图 7-3 所示。

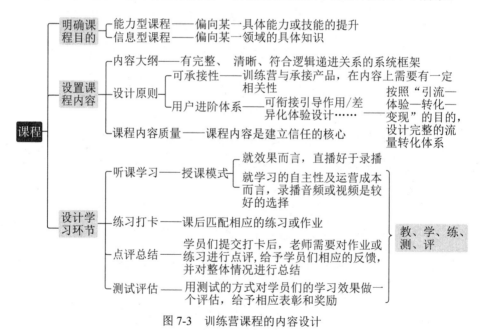

图 7-3 训练营课程的内容设计

（二）社群：训练营活动的载体

训练营社群可以看成是粉丝型社群的一种，但其在组织结构上更强调

"班级"的概念。在运营上，主要是通过群体效应，集中且高效地进行用户教育，引导用户完成转化。因此，在社群运营过程中，需要重视规则和学习氛围的设计。

强规则性：一方面是为了保证社群成员的体验感，例如禁止群内成员发广告、禁止群员聊与训练营主题无关的内容；另一方面是为了保护成员对社群的信任感，例如禁止成员冒充群主发消息，禁止私下添加群内成员为好友等。

学习氛围的设计：围绕话题进行设计。这个话题既可以由群主、班主任，甚至课程老师发起，并匹配相应的激励设计；也可以由用户发起，例如邀请核心用户分享自己的学习感受、经验等。需要注意的是，分享的内容一定要积极向上，这样潜伏的成员才能陆续被激活，此时再引导相关话题的讨论。

除了话题，我们还可以通过练习或者学习打卡的方式，来活跃社群的学习氛围。

（三）活动

社群训练营本身就可以被看成是一种活动类型，也可以把训练营看成是一种营销场景，是基于社群拉新、促活、转化等运营指标的设定，搭建、设计相关场景下的主题活动。最常见的有以下 3 种。

（1）直播分享活动：邀请优秀学员、往期学员等分享学习经验，或由讲师额外布置课程的软性活动。

（2）组队竞争活动：组队 PK，让学员们自由组队打卡学习，对持续学习最久的小组进行物质奖励。

（3）学员福利活动：增加一些小福利，如赠送礼包、免费抽奖、团购等。

二、训练营活动 SOP

社群训练营活动 SOP，即从 0 到 1 的标准化思路和方案策划需要重点把控两个环节：选题和课程学习闭环规划。

（一）选题

在课程选题上有两个注意事项：一是课程选题要与需要推广的产品具有一定的关联性；二是选题要比产品更具体，能针对某一用户群体的痛点来确定。

（二）课程学习闭环规划

一场完整的社群训练营至少可以拆分为 5 个环节：开营仪式、课前准备、课程学习、课下跟进和结课仪式。

1. 开营仪式

开营仪式内容主要包括以下 5 件事情。

（1）预告：提前进行活动倒计时。

（2）预热：可以通过发红包、群内成员自我介绍等方式，提前活跃社群的氛围。

（3）正式介绍：一般包括社群规则、课程、老师、训练营学习安排、行为规则、行为奖励制度、上课方式、有效期限介绍等常规内容。这些内容可以通过文字、语音+PPT 等形式进行展示，也可以利用短视频的方式来展示。

（4）先导课：通过短视频、语音+PPT、文字等形式，让成员系统了解训练营活动的核心内容、产品优势等，为之后的转化做好准备。

（5）打卡宣誓：核心目的是营造良好的学习氛围。

2. 课前准备

根据产品的不同，训练营的课前准备可以有不同的内容，例如预习课、课前测评等。其核心目的是让学员简单了解课程、老师及自己的水平，这样方便学员根据自身情况，带着问题和好奇开启学习之旅。一旦学员产生期待感，就能更好地体验到训练营的价值，也能为之后的转化提供助力。

3. 课程学习

课程学习需要注意两件事：一是授课模式；二是社群运营。

在授课模式上，通常采用直播、录播或者文字＋图片、语音＋PPT等形式。目前比较常用的是直播这种模式，其特点是体验较好，用户的互动性高，有利于转化。其营销逻辑为抛出问题—指明痛点—题目举例—给出方法—用户证明—推荐课程—引导报名，能形成一条完整的转化路径。

当然，有的直播会结合学科知识进行营销，其营销路径是：预习题讲解—知识点—多个例题互动—多个例题讲解—练习题现场检测—练习题讲解—知识总结—课后作业—课程推荐。

一般是通过游戏化的形式来带动课堂气氛，进而提高用户的活跃度和参与度。常见的方式有抢红包、拼手速、学员提问排名等。也可以结合社群主题分享活动、社群会诊活动等，实现用户完成指定动作的引导。

4. 课下跟进

（1）作业：课后作业的完成，因为产品的不同，课后作业的形式比较多样化，例如可以引导用户完成指定测试题，或者是让用户录视频来提交作业。

（2）复习：提醒用户及时复习课堂内容，班主任可以通过导图、卡片、文字整理等方式，将主要知识点罗列出来，然后推送给社群成员。

（3）打卡：课程开课前，或者学员完成课堂学习、课后作业后，第一时间提醒学员打卡。学员每一次的打卡，都可以生产图片或对应的话术，便于进一步的用户转化。有时，还可以通过设置打卡奖励进一步刺激学员分享。

5. 结课仪式

结课仪式至少需要完成4件事情。

（1）回顾：系统回顾训练营的学习内容，对精华进行总结。

（2）点评：对课程学习过程中表现优秀的学员进行表扬，颁发荣誉证书，也可以更进一步对作业完成得比较优秀的学员进行评价指导。

（3）答疑：汇总学习过程中出现频次较多的关键问题，进行有针对性的答疑。

（4）彩蛋：提前准备好终极福利，给目标用户足够的荣誉感和惊喜感，为最终的转化做好铺垫。

三、如何利用"上瘾模型"提升完课率

"上瘾模型"是用来培养用户习惯的一套标准化模型,主要由触发、行动、酬赏、投入四个阶段组成。在训练营活动中,我们可以利用这套模型进行转化,让用户"上瘾",从而提升转化率。

(一)触发

触发主要包括内部触发和外部触发两部分。

内部触发,主要是指通过课程内容的呈现形式对学员产生一定的影响。最常见的是采用对话体(模仿聊天)来增强对用户的吸引力和促进与用户的互动。因为大部分的训练营活动,上课时都以沉浸感为原则,这也是直播模式这么火的原因之一。

外部触发,主要是指通过私聊、公告、红包等形式提醒用户上课、查看回放、提交作业,甚至解答疑难问题,通过这种不断提醒引发用户关注。

(二)行动

要知道,行动的产生需要动机+能力+触发物。因此,在策划训练营活动时,需要让用户的行为更简便易行,即不需要学员花费太多的学习成本。这主要从两个维度来考虑:一是选择耗时较少的内容;二是使用打卡类小程序检验学习效果。

(三)酬赏

酬赏是一种对社群学员学习课程的鼓励行为,从而激发学员的学习热情。最常见的酬赏有社交酬赏、猎物酬赏和自我酬赏。

社交酬赏:人天生渴望被认识、被理解、被肯定,我们可以通过设置提问交流等环节,引导学员分享学习经验、知识观点等。

猎物酬赏:提供能满足某种需求的物品,如金钱、信息、资源等,相应

的策略有组队打卡得奖励、坚持打卡得稀有资料等。

自我酬赏：对愉悦感、满足感、收获感的渴望，可以在原课程基础上设计一个高难度的挑战活动，用来激发学员的参与热情，让他们感到学有所用、学有所值。

（四）投入

投入是指想办法促使学员自发、持续性地投入学习中。最常见的运营手段是将学习行为游戏化，然后配以奖励、荣誉奖章、排行榜等的设计。

四、群发售过程中，各个阶段的用户运营策略

根据社群运营 D-TE-MR 模型理论，我们将整个训练营活动的用户运营划分为四个阶段：拉新、促活、转化、自传播。

（一）拉新阶段

在拉新阶段，首先，我们需要明确什么样的用户可以参与训练营活动，也就是设置社群准入门槛。如果训练营活动不设置门槛，即对所有意向用户开放，那么优点是参与人数多，但训练营的完课率必然会受到影响。如果设置门槛，例如要求购买低价课程，那么优点是用户更精准，课程完课率相对更高，还可以进一步实现裂变。其缺点也相对明显，即参与群发售的人数相对较少。

其次，需要设计一套裂变获客玩法。例如赠一得一、阶梯邀请、拼团、分销、转介、邀请、助力等。除此之外，还需要确定拉新的载体，是选择社群还是个人号开始。前者可以从渠道引流到微信群，然后提醒群内用户转化或者直接邀请好友；后者可以从新媒体渠道引流至个人号进行裂变。

最后，还需要明确推广渠道，根据实际情况选择免费或付费投放。

（二）促活阶段

促活阶段主要有两件事需要注意：

（1）新用户的进群引导：主要通过群公告告知学员之后的日常安排和群规，告知用户群内有什么要求、需要做什么等。运营者可以准备一些小游戏或者红包，适时调动群成员的积极性，活跃社群氛围。

（2）发放资料：在引流过程中，一般将相关课程资料等内容作为裂变的驱动力，当用户进群之后，可以告知用户资料的详细领取方式，并推送个人名片或公众号，将用户沉淀至私域流量池。

（三）转化阶段

转化阶段的重点是围绕教学服务展开的，通过课前提醒、课后资料总结、班主任一对一私聊、朋友圈剧本等形式引导用户完成指定动作。这个阶段特别强调成交技巧的运用。大部分训练营活动社群，在前期策划时会对客服、班主任进行成交话术的培训，以保证这个阶段的工作顺利开展。

（四）自传播阶段

自传播阶段的工作重心是扩大社群训练营的口碑和影响力，为下一次活动做好铺垫。最常见的就是通过打卡分享来获得持续的曝光。补打卡也可以作为传播的一种手段，例如邀请好友助力完成。

除此之外，满足学员炫耀的心理也是非常值得关注的一点，通常是给予荣誉奖励，用于肯定其坚持学习的态度。

训练营活动的自传播阶段，跟社群日常运营的口碑营销有点类似，都是建立用户口碑，通过效果外化等方式，实现影响力的提升。不同的一点是，训练营的自传播环节更注重产品的内容和服务质量的体验，它们之间有着非常强的关联性。毕竟，从时间上来说，训练营的活动周期更短，让用户感知价值的时间非常有限。

五、社群训练营活动策划的注意事项

社群在策划线上训练营活动时，还需要注意以下几个要点。

（一）引流课程的设计

社群训练营活动若想要实现更大规模的用户引流，引流课程的设计是第一要素，其必须具备刚需、大众、低价、体验好、有实用性等特点。同时，引流课程必须跟之后的高价课程有足够高的关联度，这样才能产生转化。将付费/免费引流一波用户通过训练营模式营销转化成高付费用户，这就是一条群发售路径。

（二）训练营的基本配置搭建

运营工具的配置，包括发布作业的小程序，用于授课的直播、回放的软件等。这些工具需要提前测试，以免正式使用时出现问题等。此外，在教学人员的配置上，最核心的是三个：助教（班主任）、讲师及负责 SOP 优化的运营人员。每个人都需要明确自己的职责，并制定相应的话术脚本。

（三）课程周期制定

训练营活动在教学周期的设计上主要分为两类：一是以社群为主的引流，一般是 7~14 天的训练营；二是以直播为主、社群为辅的引流训练营，周期相对较短，一般是 3~7 天。具体设计时，可以参考以下几点。

（1）课程内容和同行、竞品的差异性。

（2）本社群运营人员的销售能力可以完成多少天精细化的教学服务。

（3）引流课的内容需要多少天可以讲透，并且让学员有收获感。

（四）高客单价产品的有效衔接

从引流课程过渡到高客单价产品，最常见的方式就是从讲课内容中找到一个用户痛点，进而引出付费课程。然后通过对付费课程进行介绍，让用户更进一步认识到付费课程的价值，从而对付费课程产生一定程度上的认可。最后，再配合运营剧本设计来完成付费课程的转化。

所谓的运营剧本设计，通常包括四个步骤：

第一步：安排往期学员进行分享。

第二步：安排非本群的运营人员提问，由讲师解答疑惑。

第三步：发布付费课程活动，例如限时抢购、拼团等。

第四步：将学员付费截图发布到社群里，刺激其他学员下单购买。

案例：斑马 AI 课快闪社群实战分析

快闪，是一种短暂的行为艺术。社群运营中的快闪群，可以简单理解为：在一个较短的时间周期内，通过一系列的剧本，引导用户完成某些行为，最终实现成交目的的群。这类社群从建立、产品发布到最终转化，往往是以天，甚至以小时为单位，利用提前设计好的剧本来引导用户，刺激用户快速下单，批量成交，活动结束后，就会立刻解散社群。

快闪群活动营销适合于大部分商家。无论是新品发布，想要快速获取用户的电商从业者，还是线下实体商家，想要提高用户到店率等，都可以参考快闪群的运营攻略。

快闪群营销活动具体应该怎么策划、应该如何运营呢？快闪群活动想要取得成功，最重要的是选品＋剧本设计。接下来用一个实操案例，全流程拆解快闪群的运营方法。

斑马 AI 课快闪群活动

斑马 App，是一个针对 3～8 岁孩子打造的学习平台。

1. 选品

就快闪群活动的选品来说，需要符合低成本、高性价比、受众广这三个原则。如果产品不具备以上特点，最好能另设计出一款符合要求的引流类产品。

斑马 AI 课的客单价在 2000 多元，对于大多数用户来说，这是一个比较高的客单价，如果直接推这个产品，转化效果肯定会非常低，甚至是没有转化。毕竟面对这个价格的产品，用户是不可能在较短的时间周期内作出决策的（需求三角模型中的能力）。

所以，斑马 AI 课首先在前端设计了一款低价引流的产品："19.9 元体验课。"也就是所谓的"诱饵"。这样做的目的，一方面是尽可能地降低用户在决策阶段的能力成本；另一方面是筛选精准用户。

除此之外，快闪类社群活动在选品上有两个比较重要的原则：

（1）快闪群活动选品通常有两种类型：客单价最好控制在百元以内，可以是需要推广的新品，也可以是借助节假日营销节点做促销活动的畅销款爆品，不太建议是清仓尾货。因为快闪群的核心是从众心理，那些平时就卖不出去的滞销品，很难在短时间内形成抢购氛围。

（2）快闪群活动的目的是实现批量成交，因此选品时一定要考虑需求三角模型中的能力因素。选择的产品，一定是用户能在短时间内决定买或者不买的轻决策产品。如何判断自己的产品是否符合轻决策呢？判断标准如下：

第一，购买前需要咨询别人。

第二，产品对大众来说相对陌生，需要经过用户教育的过程。

第三，需要长期沟通、跟进才能成交的产品（例如电器、数码产品等）。

如果你的产品符合以上 3 个标准中的 1～2 个，就属于重决策产品，例如珠宝、汽车、数码产品、顾问服务等。

当然，并不是说重决策类产品就一定不能做快闪群活动，但需要先用低价的引流品来做，再筛选精准客户，做更深层的沟通和销售，就像斑马 AI 课这个案例一样。

需要注意的是，因为快闪类社群要在较短的时间内实现转化，所以在选品上切忌品类过多，以免造成用户注意力分散。通常一场快闪群营销活动，以一个单品来作为爆款进行推广，效果是最佳的。

2. 剧本设计

快闪类社群，要想在短时间内实现相应的目标，最关键的是要提前设计好剧本！快闪群的剧本创作核心主要分为三个阶段：

第一个阶段：建立用户信任感。

把所有付费购买的用户拉到一个群里，然后根据引流课程的内容安排群内成员学习。整体的流程，大致可以分为以下几个方面：

一是举行开营仪式，由班主任来介绍群内信息、学习计划等。

二是引导学员做自我介绍，目的就是了解学员的基本情况。

三是安排学习内容，包括每天学习安排、学习总结及预告第二天的内容。同时，老师也会对一些成员提出的问题、学习中的困惑给予解答。

四是由运营人员引导，让群内成员分享学习过程。

以上过程就是为了强化用户体验和使其感受到课程的价值，也就是建立用户信任感的过程。同时，在这一步，斑马AI课还设置了一种奖励机制，叫作完课奖励，就是每当学员听完所有课程，就可以得到一张代金券，分享出去之后，好友和他都会获得购课优惠。这可以有效刺激学员听完全部课程，从而体验到产品价值。其实，这在绝大多数的教育型社群中都有，因为对于知识付费来说，产品体验就是听课，只有用户听完某一课程，才能知道课程的好坏，从而产生进一步消费或复购的可能。

第二个阶段：造氛围、促转化，为快速实现客户成交打下基础。

斑马AI课的运营者开始跟群成员进行私聊，提供一对一的服务。这跟第一阶段是同步的，一手抓社群，一手抓私聊，通过运营人员的私聊，既能满足用户被尊重的需求，又能让运营者掌握客户需求，从而进一步深挖，为之后的成交转化做情感等方面的铺垫。当然，也会利用朋友圈等渠道不断地打造口碑。

在引流课完成之后，就需要通过私聊来实现成交转化。一般就是告诉用户，后面还有什么样的课程，能够提供什么样的服务等。

另外，斑马AI课有一个家长课堂，其实就是一场直播。他们的具体做法就是先进行直播活动的预告，同时配合奖励机制，也就是一套虚拟的斑马币，用户可以利用斑马币兑换奖品，以此来激发用户参加家长课堂，并在群内进行直播预告转发。快闪群活动的核心是利用从众心理，因此氛围感的打造十分关键。斑马AI课会通过激励手段，让每一个用户都去群里晒单，晒的内容包括学习心得、参加活动后获得的福利等。

通过直播活动、私信邀请、群内分享等一整套动作，家长被教育了，用户黏性也增强了，产品体验也做了，接下来就是最重要的——转化成交。

第三个阶段：持续追销，实现最终转化。

斑马AI课最后会通过一个活动，例如现在购买可以享受某种优惠的形式，来制造紧迫感，促成用户成交。

所以，通过直播来教育用户，之后再通过私信来做成交，最后再让已经成交的用户在社群里进行第二次晒单（主要是晒抢到的优惠福利，低价购买到的系列课的内容，同时也会伴有晒单奖励）。

这样一套攻略，就可以让那些还在观望、犹豫的用户最终下定决心付款购买。

快闪群三个不同阶段的运营核心是不一样的：

在第一个阶段，主要目的是建立用户信任感。这时候，我们设计的剧本内容要有以下四个重点：

（1）要想办法让用户使用我们的引流产品，通过产品使用来建立信任。

（2）设置完成任务的奖励机制，激发用户去完成我们希望他们采取的行为动作。

（3）群管理、群托等社群成员想办法带动群内氛围。

（4）引导用户分享。

上面这些基本上是快闪群第一阶段的运营重点，周期一般为1～2天。

当用户信任感培养得差不多的时候，就进入快闪群的第二个阶段：成交预备期。对于运营者来说，具体工作就是通过私信、激励政策、转化话术等内容，引导用户分享产品使用心得，进一步挖掘用户的深层需求，或者可以利用现在比较火的直播形式进一步教育用户。整体上说，就是在剧本设计上要为最后的成交转化做好铺垫。

第四个阶段：持续地追销。

对前面通过私聊挖掘出的有刚需和较强消费能力的用户，进行快速的"逼"单。同时，利用已经成交的客户，激励他们晒单，形成抢购氛围，激起群内的羊群效应，让更多用户成交。

快闪群就是利用短期剧本，在较短的时间内实现成交转化的目的。所以，在运营的过程中，一不要贪图长效，当遇到明显短期内无法成交的用户，就果断将其沉淀到个人号去，不要试图实现当下交易，否则会浪费运营人员的时间和精力。另外，要有一个优质的短期剧本作为整体的运营策略支持。

表7-2是一个5天的快闪群剧本SOP前两天的安排，在实际运营中可以根据行业属性和具体的内容，适当延长或者缩短。但是，快闪群的运营时间不宜太长，而且所有的营销动作一定要全部前置！也就是说，要把用户信任感建立、激励政策、产品体现等全部放在前三天完成（以5天来策划）。除非你的产品是比较特殊的，或者说客单价特别高，可以适当延长时间，比如7天左右。

表7-2 快闪群剧本SOP

时间	方式	内容	互动	目的	物料	备注
第一天	私信	1. 邀请进群 2. 说明服务流程 3. 解决问题 4. 晚间总结及明日预告	随时	建立好感	私信话术操作示意图（演示小视频）	重点在于帮助用户开始体验产品
	群内	1. 群公告规则和服务 2. 打卡、分享活动说明 3. 群成员自我介绍 4. 完成第一天产品体验 5. 晚间总结及明日预告	群内安排2~3人配合群主完成互动	产品体验	1. 公告话术 2. 打卡说明话术 3. 自我介绍模板 4. 群演自我介绍模板 5. 总结预告话术	群内不要闲聊，避免消息过多导致重要信息被屏蔽

续表

时间	方式	内容	互动	目的	物料	备注
第二天	私信	1. 追踪第一天任务完成情况 2. 引导需求，做产品植入 3. 对转化活动做预热	随时	建立好感 挖掘需求 锁定意向用户	引导需求话术设计 以问题形式找到用户的需求点	软性植入
	群内	1. 早上问候，介绍发送今日任务 2. 鼓励昨日完成任务的群友 3. 带动群友分享 4. 完成第二天产品体验 5. 晚间总结及明日预告（活动预热）	群内安排2～3人配合群主完成互动	产品体验带动分享	1. 问候话术 2. 今日活动说明话术 3. 总结分享话术 4. 互动话题 5. 总结话术	群内不要闲聊，避免消息过多而导致重要信息被屏蔽

以上就是快闪群活动的全流程拆解。除此之外，在活动的最后，我们还需要做以下两件事，确保活动的完美收尾。

（1）**用户分流**。不可否认，快闪群的流量是一次性的，但其中的用户依然有长期运营的价值。因此，在快闪群解散之前，我们可以通过专属福利、物流查询等钩子，把用户沉淀到企业微信号或者其他社群里，进行长期运营。

例如可以在快闪群解散前，在群里发通知，告知用户如果下次还想参加活动可以添加群主微信，有活动会第一时间通知。这样我们就能把用户沉淀到自己的私域流量池里。这些用户或许是对价格比较敏感的，可以有针对性地为其打上标签，便于后期进行精细化运营。

（2）**售后反馈**。对于社群运营来说，任何一场活动，除了前期宣传造势工作需要做足，在活动售后阶段，也需要做好足够的承接工作。例如可以利用朋友圈和社群，发布打包发货、活动战报、用户反馈等内容，加深用户对品牌和活动的印象。

如果活动效果特别好，还可以趁热再组织一场限时返场活动。当然，如果要策划限时返场活动，不太建议继续采用快闪群这种形式，可以通过私聊成交的方式，比如刚好有顾客退货或者申请加货等，总之给用户一个补单的理由。

快闪群活动其实是一种非常重运营的转化活动，在整个活动过程中，需要运营者投入大量的精力，也需要配合更多的玩法（例如红包、接龙、订单雨等）来不断打磨、优化。其中，最重要的一件事就是剧本的设计。因为活动本身非常考验运营者对整体节奏的把握，因此剧本的优劣，可以直接决定快闪群活动的成败。

第八章 社群活动：如何从0到1策划一场线下活动

越来越多的社群运营者开始根据社群运营发展的规划开展相应的线下活动。例如读书类社群会定期举办线下读书会；美妆类社群会不定期组织线下美妆心得交流活动；旅行类社群会组织成员进行集体旅行等。另外，社群组织节日营销、免费体验、线下培训等，都属于社群的线下活动。

第一节　社群营销线下活动类型

社群的线下活动,都是基于社群本身的运营规划来组织策划的,因此,不同的行业、不同类型的社群可以组织的线下活动也是五花八门。我们可以把社群的线下活动根据目的划分为四大类型。

一、核心成员的聚会活动

这类活动适合大部分社群,主要是通过线下聚会来加强社群成员之间的连接,密切彼此之间的关系,同时也可以不断培养成员对社群的忠诚度。例如吴晓波书友会、秋叶PPT这类社群,每年都会组织1~2次的线下聚会活动。

线下聚会的主要形式包括聚餐、游玩等,这种活动一般是由社群运营者发起活动号召,想要参加的成员报名即可。但是因为这类线下活动的主要目的是提升社群成员关系,对于社群运营规划的助力并不明显,加之组织这样的聚会活动没有想象中那么轻松,尤其是全国性的社群,社群成员特别是核心成员可能分布在全国各地,这种需要跨城市的活动组织其实是一件非常麻烦的事,因此在频率上要有所控制,一般每年组织两三次就很不错了。

对于那些在各城市建立分部的社群来说,不同城市的社群也会经常自发地组织活动,这类线下聚会活动在频次上就会有所增加。例如Pick me、正在爱这类以交友、相亲为目的的社群,会相对频繁地组织线下活动,有时候甚至是每周组织1~2次。

二、粉丝见面会活动

粉丝见面会，就是通过组织线下活动，实现成员与企业主、品牌方的零距离接触，通常适合于公司形式的社群，又或者是已经有足够影响力的顶级社群。这类社群的群主往往本身就是"大V"，已经积累了足够的影响力和粉丝。

例如，前文提到的九阳策划的"粉丝见面会"活动，以及由小马鱼老师发起的"运营人圈子"社群等。

小马鱼老师的"运营人圈子"社群是一个付费社群，大部分的社群成员都是冲着小马鱼老师来的。当这些人加入社群之后，通常会经过2～3个月的用户教育的过程，这在一定程度上培养了成员对小马鱼老师的进一步认可。之后，小马鱼老师则会主动邀请其中比较活跃的社群成员，进行线下见面，形式一般就是简单的聚餐、下午茶等，通过聊天的方式来进一步拉近与成员的关系。通过反复多次的线下聚会，小马鱼老师的铁杆粉丝数会不断增加。

小马鱼老师还有意进一步培养这些铁杆粉丝，让他们以"运营人圈子"的名义不断发起新的社群组织，从而不断扩大"运营人圈子"社群的规模和影响力。

这类活动形式多样，既可以是简单的线下聚会，也可以是带有营销目的的线下促销活动，甚至可以是线下讲座。其核心目的是加速用户关系的递进。如果说第一类活动是以提升用户黏性为主要目的，那么粉丝见面会则更进一步，通常参与活动的成员对社群或者品牌方已经有了一定的忠诚度，这种活动主要是加速从粉丝到铁杆粉丝的转变。

"粉丝见面会"这类线下活动一般适合有一定知名度和影响力的企业主或品牌方。对于一些"大V"、意见领袖来说，想要策划这样的线下活动，其影响力和号召力需要达到一定要求，至少已经具备个人品牌IP。

三、线下授课、培训类活动

对于一些学习型社群来说，线下授课、培训活动是必不可少的一环。知识付费课程要想实现销量的持续增加，加速用户信任的培养是关键。而通过线下授课、组织线下培训，是其中培养用户信任最有效的手段。

见实社群、运营研究社、媒老板商学院等社群都会定期举办线下活动，其形式多种多样，如训练营、讲座、授课、当面答疑等。运营者还可以将线下活动制作成视频，为线上社群提供内容输出，这样可以有效打通线上和线下。

运营研究社每年年底或者第二年年初，都会举办一场运营人年终聚会活动。活动会邀请运营大咖担任活动嘉宾，分享其运营经验，以及对未来运营发展的看法。之后还会将各个嘉宾分享的PPT整理成文档，作为社群引流的"诱饵"，为社群拓展新的用户提供了绝佳的资源驱动。

2018年1月6日，运营研究社主办了第二届运营人年终聚会，他们邀请了十多位顶尖运营人齐聚会场，并且全程开启直播。整场聚会持续4个小时，前后共11位嘉宾分享了他们对运营和互联网行业的最新看法。700名现场观众，还有2.3万人在线观看。毫无疑问，这样一场活动为运营研究社带来了足够的品牌曝光，大大提升了其社群影响力。

四、公益类活动

线下公益类活动是宣传社群文化和提升社群影响力绝佳的助力。这类活动虽然未必适合所有类型的社群，组织策划的难度也不小，但若能成功，其产生的影响力是空前的。一场优秀的公益活动，不仅可以对社群产生正向的影响力，更可以借助各类媒体实现全域全渠道的曝光。

例如，某知名女性励志社群，是以为女性提供自我修养、子女教育、亲子活动和社会公益活动等方面服务的服务综合型社群。该社群每年都会策划至少一场大型的公益活动，例如2019年关注流动儿童的"爱与艺术同行"演讲，还有"用声音带重症儿童走出病房"的公益活动，以及呼吁更多人参与长江大保护的"问长江"公益活动。正是这一场场的公益活动，使得这个以女性励志为核心文化的社群，在短短几年时间里发展成了国内最具影响力的社群之一。

最后，社群运营者在策划线下社群活动时，必须考虑自身的运营规划，根据社群类型、运营规划设计不同的线下活动。当然，也要想办法拓展新的活动类型。丰富的线下活动可以为成员与成员、成员与社群之间的联系提供足够多的场景纽带，从而强化用户关系，逐步实现关系的递进。

第二节　高质量线下活动的关键要素

对于一些刚入行的社群创业者，或是尚处于起步阶段的社群组织来说，想要策划好一场线下活动，并不是一件容易的事。在组织社群的线下活动时，必须做好以下四个方面的工作。

一、明确社群线下活动的目的及主题

社群的线下活动与线上活动一样，在策划之前要明确活动目的。只有明确了活动目的，才能策划出符合要求的活动主题，而后期的人员组建、嘉宾邀请、活动宣传等都需要围绕活动主题开展。

例如，活动目的只是增强社群核心成员之间的关系，那么就不需要组建过于专业的团队，也不需要邀请嘉宾，只需要群主充当活动联络人，将核心成员聚集在一起，一块儿吃个饭、聊聊天，加深大家的感情。

若活动是以提升品牌影响力为目的的粉丝见面会，或者是以拓展用户规模的为目的的线下授课、培训类活动，那么就需要提前确定主题，并基于此组建线下活动团队，同时还需要邀请知名大咖参与内容的分享，在活动开始前还需要做好活动宣传等工作，对于活动场地的筛选、布置等都有一定的要求。

因此，社群线下活动的组织、策划，最关键的就是要明确活动目的。只有具备了明确的目标，并按照目标去开展具体工作，才能保证线下活动取得成功。

二、组建线下活动的核心团队

明确活动目的，为线下活动的举行指明了方向。要想打造一场高质量的线下活动，还需要组建一个线下活动核心团队，并明确每个人的分工。

核心团队的构成，往往会随着活动目的及主题内容的变化而有所不同。因此，核心团队的组建，首先是确定负责人。一名优秀的线下活动负责人就好比汽车的方向盘，能在很大程度上决定线下团队能否很好地承接，并完成活动项目。

通常来说，线下活动的负责人由社群核心人员担任。毕竟他们对于社群文化、社群发展规划等更熟悉，可以更顺利地开展线下活动。除此之外，可以让一些有能力、对社群足够忠诚的铁杆粉丝担任。至于具体如何选择，需要考虑社群创业者、企业主、品牌方等的实际情况，以及社群线下活动的目的和主题内容。

若由社群成员来担任线下活动的负责人，我们需要判断其是否适合担任线下活动的负责人，主要从他对社群的忠诚度、业务能力、热心程度，以及其本身所拥有的资源等多个维度进行考量。

例如，BetterMe社群曾经在上海举办了城市开营活动，就是由当时的社群成员——城市营营长孙小米担任项目负责人。

孙小米虽然参加过很多线下活动，但没有策划和举办过活动。鉴于其对BetterMe社群的支持，以及她开朗、热情、做事靠谱、有担当，团队最终选定由她担任活动负责人。

孙小米没有辜负团队对她的信任,在没有任何线上团队的资金和物料支持的情况下,在短短一个月的时间里,就在上海成功策划、组织了3场线下活动,而且活动质量很高,每场活动参与者都爆满。

社群线下活动的核心团队成员,除了项目负责人,还包括外联团队、执行团队、现场布置人员、主持人等,有时还需要与第三方组织合作,如图8-1所示。

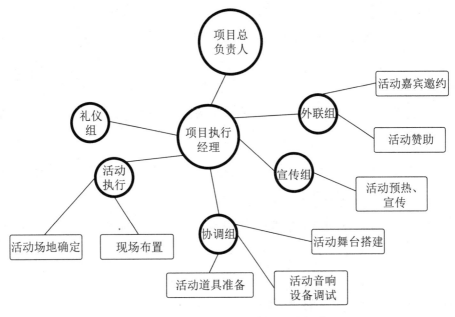

图 8-1 社群线下活动的核心团队组建

运营研究社举办的年度运营人聚会活动,其线下活动团队的组建及分工如下。

(1)项目总负责人,主要负责策划活动主题、内容,把控活动节奏,与各部门协调、沟通,确保活动顺利进行。

(2)项目执行经理:主要协助项目经理完成对整体项目的把控,同时负责策划活动前中后期的细则,并对各项工作出现的问题进行及时协商解决,保证活动的顺利进行。

（3）外联组：主要负责活动大咖嘉宾的邀约工作，并根据嘉宾分享的内容进行排序。

（4）宣传组：主要负责活动前中后期的预热、宣传，包括具体的物料、话术文案等的撰写。

（5）活动执行组：活动场地的沟通、活动现场的布置等，包括场景布置（包括对现场桌椅的摆放等）；活动进行中对各种现场设施进行有效协调，保证活动的顺利进行。

（6）礼仪组：负责所有参与用户的对接工作，包括迎宾、签到、引领及协助等，活动后第一时间与用户沟通，将用户沉淀至流量池。

（7）协调组：主要负责与第三方公司对接，包括现场道具和影像设备调试、舞台搭建等。

由运营研究社主办的运营人年终聚会活动，可以说每年都能取得不错的成果，这得益于线下团队的精细分工。

以上运营研究社的分工模式，可以供社群运营者参考。当然，还有一些特色社群，如BetterMe社群，已经形成了一套有着自身特色的线下活动核心团队的组建方式及分工模式，也可以作为参考。组建线下核心团队，关键是要保证分工明确、责任到人。

三、邀请"大咖"参与活动

社群运营要想持续不断地输出有价值的内容，邀请"大咖"分享是其中最高效的一种方式。"大咖"的知识分享，可以为社群输出更多、更全面的内容，为社群带来新的活力。同时，社群也可以帮助"大咖"打造个人品牌和影响力。但"大咖"比较繁忙，其时间、精力等都是有限的，如何邀请他们，并让他们愿意进行知识分享，是社群运营者最重要的工作之一。

（一）想尽一切办法与"大咖"建立连接

在互联网时代，想要联系"大咖"，比过去更容易一些。大部分"大咖"都有自己的微博，新媒体平台也有账号。我们可以通过互动给对方留下印象，或者直接发送私信。对于有一定人脉关系的社群运营者来说，也可以利用朋友圈等的影响力，想办法与"大咖"产生连接。

大部分"大咖"都有自己的微信公众号，因此在微信公众号后台留言、发评论也是一个不错的选择。

总之，建立连接需要我们主动出击，我们需要寻找那些与社群文化、内容等契合的"大咖"，通过积极互动等方式，想办法让他关注你。

（二）与"大咖"培养感情

当我们与"大咖"建立连接之后，就需要考虑社群规模这一客观情况。如果社群规模够大，也具有一定的影响力，可以采用直接邀约的形式向他发出邀请；如果社群本身能量不够，就需要先进行情感的培养，加深彼此的了解，之后再发出合作邀约，这样成功的概率会更大。

与"大咖"培养感情最好的方式无外乎出钱、出力两种。

出钱：购买"大咖"的产品或者课程，这种方式最大的好处就是给予"大咖"足够的认同感，"大咖"对你的信任感也会增强。

出力：积极参与由"大咖"发起的各种活动，以参与活动为切入点，逐步建立信任。

例如某社群上海城市营活动的总负责人，她经常参加各类社群活动，其中不少都是由其他"大咖"发起的。在活动过程中，她会想办法与"大咖"多互动，让其对自己产生影响。在活动结束之后，她还会通过朋友圈点赞或者留言的方式，进一步增加互动频率。这样，这位负责人与各位"大咖"的关系就能从弱关系升华到强关系了。

（三）挖掘"大咖"的真实需求

当社群运营者与"大咖"建立了连接，并且由弱关系转变为强关系时，就可以尝试邀约了。在这之前，我们需要先挖掘嘉宾的需求。例如，有的"大咖"做社群分享，是为了提升自己的知名度，那么参与活动的人数非常关键，人数越多，"大咖"的曝光量也会有所提升；如果"大咖"是想要通过知识分享收集用户反馈，那么话题、主题，以及参与活动的社群成员质量就成了关键。

了解对方的真正需求，我们才能策划出一个被"大咖"认可的分享活动方案。在此基础上发出邀约，成功的概率才能更大。

（四）随时保持跟"大咖"的同步播报进度

社群运营者在成功邀约"大咖"参与分享之后，依然要与"大咖"随时保持联系，随时同步播报活动进度，这样做是对"大咖"的尊重，也可以让"大咖"对这次活动更了解，更重视这一次分享。

（五）合作结束一定要做复盘

任何运营内容都需要及时复盘。一方面可以总结整场活动的成功与不足之处，为下一次合作提前做好铺垫；另一方面可以把复盘内容发给"大咖"，加深其对本次活动的记忆。这样在未来想要二次邀约时，就能让"大咖"在第一时间回想起今天参与分享时所收获的感动与成功。这也能让"大咖"知道，你们在运营社群上的努力和付出。

除了以上几点，在邀约"大咖"参与社群分享活动时，还需要注意以下两点。

（1）在介绍社群及分享活动时，不要把话说得太满，以免"大咖"有过高的期望值。一旦后续活动效果不好，就会让"大咖"产生巨大的落差感，下次再邀请就困难了。

（2）线下活动邀请"大咖"往往涉及食宿的问题，这需要根据社群的实际情况，提前规划并与"大咖"沟通清楚，以免出现不必要的麻烦。

第三节　如何策划一场社群线下沙龙活动

沙龙活动是社群线下活动中最常见的。一场高质量的沙龙活动无论是对于举办方还是参与者都能有不小的收获。沙龙活动的本质是分享与交流，它和讲座、分享会、培训课这类一对多的授课模式不同，沙龙活动是强互动、高参与。整个活动的主角不是举办方的人，而是参与活动的每个人。因此，从这个角度来看，线下沙龙活动属于提升用户黏性和忠诚度的线下聚会类活动。

如何策划一场高质量的社群线下沙龙活动呢？本节将介绍具体的案例，详细拆解沙龙活动的玩法、流程和注意事项。

Xmind是一个思维脑图工具，其运营团队每年都会在线下举办用户见面沙龙活动，每一次活动都能收获一大批用户的高度评价。接下来，将以此为案例，分别从活动筹备、启动、预热、进行及最后的活动复盘五个阶段来分析社群如何从0到1策划一场线下沙龙活动。

一、活动筹备期

策划社群线下活动的第一件事必然是组建线下团队，尤其是要明确项目负责人。这也是社群活动在筹备期最主要的工作内容。

线下团队的组建，根据社群自身的规模不同，组建方式也会有所变化。例如有些以公司化运营的社群，无论是资金、资源等都十分充足，因此团队都是由经验丰富的专业人员组成的，Xmind更是为此成立了一个部门。有的社群因条件有限，只能根据需要临时组建线下团队，有时甚至需要号召社群成员一起进行组建。

二、活动启动期

活动启动期最主要的工作是根据活动目的、运营指标等要求，通过集体讨论、头脑风暴等，最终确定社群线下活动的类型、主题等，并制定相关的活动方案。一份完整清晰的活动方案，能够帮助线下团队更好地把控整个活动进程，有计划、有节奏地开展各项业务工作。

（一）制定活动方案

一份完整的活动方案至少需要包括以下几部分。

（1）活动策划团队组建明细：包括团队名单、工作权责和具体任务分配。

（2）活动内容：包括活动主题、活动日期、活动地点、参与活动的目标用户、活动流程等。

（3）活动嘉宾：如果有需要邀约嘉宾的，需要提前罗列出意向邀约名单，分享主题内容等。

（4）活动物料、礼品清单：包括主办方活动物料、合作方物料，以及可能涉及的各城市自己需要添加的物料；礼品清单则包括伴手礼、奖品、抽奖礼品等。

（5）活动宣传规划：包括具体的宣传方式、宣传渠道筛选，以及宣传时间规划等。

（6）活动进程时间规划：Xmind 线下沙龙活动时间规划（表 8-1）。

表 8-1　Xmind 线下沙龙活动时间规划

序号	阶段	事项	week1					week2						week3	
			一	二	三	四	五	一	二	三	四	五	六	一	二
1	筹备期	项目小组成立	■												
2		团队成员头脑风暴		■	■										
3		提交活动方案				■									

续表

序号	阶段	事项	week1 一	二	三	四	五	week2 一	二	三	四	五	六	week3 一	二
1	启动期	确定活动时间					■								
2		确定活动嘉宾								■	■				
3		确定活动时间规划							■	■	■				
4		确定活动宣传规划					■	■							
5		确定活动物料和礼品方案						■	■						
6		确定活动流程							■	■					
7		确定活动场地					■	■							
8		确定活动招商方案						■	■						
1	宣传期	开始活动宣传								■	■	■	■		
2		开启活动报名通道									■	■	■		
3		邀约意向媒体								■	■				
4		统计活动参与人数								■	■				
1	进行时	活动场地布置											■		
2		活动物料检查											■		
3		与主持人对接流程											■		
4		现场设备调试												■	
5		活动正式开始												■	
6		活动结束后合照												■	■
7		现场物料整理												■	■
1	复盘期	收集用户反馈													■
2		活动内容沉淀													■
3		活动复盘													■
4		线上社群活动二次营销													■

（7）活动成本费用明细：主要包括活动场地、物料制作等。

（8）活动招商、对外合作规划。

（9）其他需要特别注明的事项。

项目团队围绕着活动策划方案，开始对各项内容进行项目推进。随时保持相互交流，遇到任何问题时，都可以第一时间解决。

（二）需要注意的细节

在明确活动各项细节时，需要注意以下几个方面。

1. 控制沙龙活动的规模

沙龙活动不同于一对多的教培类活动，强调的是互动和参与，因此人数并不是关键，质量才是关键。适当控制参会活动的人数是非常有必要的。

例如，为了保证每一个人都可以参与其中，Xmind线下沙龙会特意将每一场的活动人数设置在20～25人。这个数据并不是随意定的，而是根据过往的实操经验总结得来的。

在实际活动过程中，Xmind还会对参与沙龙的用户进行分组。这样可以在活动中让参与者以小组合作的形式一起玩耍，一起进行头脑风暴和小组讨论。最后，讨论的结果也同样是以小组的形式进行现场分享。

2. 对参与人员进行严格的审核

为了保证所有参与活动的用户都能享受到更好的体验，Xmind每一场的线下沙龙会，都会对报名人员进行审核，尽量选择来自各行各业不同背景的人。其核心目的是召集那些真正热爱思维导图的人，这些背景不同的人往往会有不同的思维习惯，用户之间彼此碰撞，才能激发出更多新的东西，发现和解锁使用思维导图的新思路。

当然，并不是所有的沙龙活动都必须要对参与用户进行审核，这主要取决于活动的目的、主题和成本等因素。

3. 定向邀约高级玩家

Xmin本身拥有庞大的用户群体，其中不乏高级玩家。每一次线下沙龙活动，Xmind都会定向邀约所在城市的高级玩家。这种有资深爱好者的经验交流，既可以保证活动的质量，还能让所有参与者通过活动进一步受到启发。

三、活动预热期

这个阶段最主要的工作就是对活动进行宣传推广，包括设计活动海报、各个新媒体平台进行活动信息的推送等。另外，用户报名参加活动也基本都是从这个阶段开始的。

如果社群是以公司化形式运营，在全国各地设有分部，那么在宣传的时候，除了所在城市需要进行宣传推广外，总部也可以有选择地推送相关内容。一方面可以与线下城市活动关联；另一方面可以此为契机，看看其他城市的用户在看到活动信息后是否也有比较强烈的欲望。这对于以后把活动推向其他城市具有非常重要的意义。

例如，Xmind的线下沙龙活动基本都是以城市为单位来举办的。每次活动的宣传推广，除了所在城市，Xmind总部也会通过微博等媒体渠道，对活动进行全程跟进报道。2019年5月25日，Xmind在武汉举办了线下沙龙会，6月29日在上海举办，8月3日在成都举办。每一个城市站活动的成功举办，都进一步加深了用户对Xmind品牌形象的认知。这对全国范围内的其他用户都是一次有效的激活。

四、活动进行时

为了确保活动的顺利开展，线下团队必须做好活动前、活动中和活动后三个阶段的各项工作。

（1）活动前：在活动正式开始前，线下团队的工作人员必须提前到达活动场地，并对活动场地进行布置，同时检查活动需要的所有物料，确保各种物料齐全。另外，还需要对活动的各项设备进行调试。

（2）活动中：当工作都准备充分之后，就可以正式开始活动了。以Xmind线下沙龙活动上海站为例，其大致的流程可以分为三个阶段。

第一阶段　主持人宣布活动开始，将现场所有参与者进行分组；然后通过提前设置好的"破冰"小游戏，让各小组的成员可以互相认识、熟悉。

第二阶段　抽取命题，开脑洞：以小组为单位，基于不同的命题，让成员进行头脑风暴。基于思维导图的发散性，Xmind 会让每个人都能在小组中贡献出自己的一份力量，将每个人的脑洞发挥到极致。

第三阶段　成果展示：以小组为单位，现场展示作品成果。

Xmind 线下沙龙活动，在流程上都不会设置得太复杂。从成员"破冰"，到根据不同的命题开脑洞，再到最后的成果展示，这种看上去很简单的活动流程，却能让每个参与者都能真正参与进来。

线下沙龙本身就是一种强调互动、参与的活动类型，因此在设计流程的时候，一般不要过于复杂，只需要关注、思考活动内容能不能真的有效提升用户的参与度。大部分参与者彼此之间都是陌生的，难免在活动之初会有所拘谨。因此，需要准备几个"破冰"小游戏，确保所有参与者尽快打破僵局，跟上活动的节奏。

（3）活动后：活动结束之后，可以让所有参与活动的用户拍一张集体照，并把事前准备好的小礼品赠送给用户。另外，可以用客服微信添加每一位到场的用户，并告知之后会将活动照片整理后发给他们，同时嘱托他们可以在朋友圈、微博等渠道进行分享。

最后，需要整理好活动现场的所有物料，包括收集整理由用户创作的作品等。这些东西都成为社群运营的价值内容沉淀，能为之后线上社群的营销提供引爆点。

五、活动复盘

所有的社群运营活动在结束之后都需要进行复盘。一场活动如果没有及时进行复盘，那么很多本身就存在的问题就无法得到及时解决，在之后的活动中可能会继续犯错。

活动复盘期最主要的事情有两件：

（1）针对活动本身，可以通过收集参与活动用户的反馈、整理活动内容、相关数据等，沉淀成文字、音频、视频的形式，来回顾活动过程，并在线上社群进行推广，让更多没有参与活动的用户可以进一步了解。

（2）针对线下团队，从活动策划、执行到最终落地，对整个流程进行总结分析。通过复盘来不断提升线下团队的业务能力。关于活动复盘的具体流程和内容，与线上社群的活动复盘基本一致，这里就不再阐述了。

以上就是社群线下沙龙活动的全部内容和注意事项。大部分以提升用户黏性和忠诚度为目的的社群活动，都可以参考沙龙类活动进行策划、执行。因为这类活动的本质都是相同的，都是强调用户互动和参与。

第四节 社群线下活动落地执行的注意事项

大部分社群都是依托线上成立的，对于策划和执行线下活动缺乏相关经验，在落地执行过程中难免会遇到各种问题。这一节就对最可能遇到的问题及解决方案进行汇总，供大家参考。

一、现场组织注意事项

线下活动最容易遇到现场秩序混乱的问题，这有可能造成不良影响，如阻碍活动正常进行、损害社群品牌形象、给与会人员留下负面印象等。产生这些问题的原因是多方面的，最主要的是以下几点。

（一）现场多人指挥

若活动现场出现多个指挥者，会让现场工作人员不知道该听谁的，这样很容易造成活动流程混乱等状况。当我们确定了线下活动的总负责人之后，无论是老板还是其他领导，都应该做到有效放权，让项目负责人全权把控全场。出现任何问题，所有人员都应该优先听从项目负责人的建议。

另外，项目负责人一定是对整个社群线下活动最熟悉的人，在社群组织线下活动时，应该在第一时间确定负责人，并尽可能保证不出现中途换人的情况。

（二）没有进行现场彩排

大部分社群线下活动，因受制于场地等因素，没有办法去现场彩排。但这一步是不可或缺的一环，无法在实地彩排，我们可以在其他地方，甚至是通过头脑风暴等形式进行沙盘演练。

通过这样的方式，一方面可以从中发现流程中存在的各种问题；另一方面可以有效预测现场用户可能出现的各种行为模式。比如是否会因为活动时间过长，导致用户情绪低落，甚至出现提前离开的情况。

某社群举办了一场200人的大型线下活动。主办方在现场设置了甜品区，为参会人员免费提供美食。这本来是一个很好的设定，结果却发生了一件让人啼笑皆非的事情：嘉宾在台上慷慨激昂地演讲，下面却时不时有人跑到食品区品尝美食。即便主办方已经事先在食品区张贴了"请在嘉宾演讲后食用"的标语，但起不到任何作用，现场工作人员也无力维持。

其实，这种情况完全可以被预料到，只要细心一点，通过事前活动流程的演练就能发现问题，进而避免出现这种让人尴尬的局面。例如当嘉宾演讲时关闭食品区，这样的举动也可以向与会人员传达活动开始的信号。

（三）没有提前调试现场设备

现场活动最有可能出现的突发事故是设备故障，包括话筒、灯光设备、音响设备、调音台出现故障，音频文件保存不当，甚至电力供应不稳定等。可以毫不夸张地说，现场活动90%的问题都来源于此。这种故障发生突然，且很难被事前预料到。因此，需要活动团队谨慎处理。

如果现场的设备由第三方公司提供，那么主办方至少需要安排一名工作人员跟进，对所有的设备操作进行了解，并对需要使用的音视频文件进行多重备份。如果现场设备是由场地方提供的，那么在活动开始前，必须要对所有设备进行现场调试。主办方最好自己也备一套，以备不时之需。

二、现场物料准备注意事项

现场物料可以分为两种：一种是具有引导性质的物料，如活动现场的指引路牌；另一种是与活动流程、活动主题、嘉宾分享主题等内容有关的物料。

物料的设计制作需要注意以下几点。

（1）所有物料的色系、风格要统一，最好能让人感受到主办方对物料设计与制作的用心。

（2）注意物料的材质，要根据实际情况来选择。切记不要使用过于廉价的，以免对社群品牌造成不良影响。

（3）在活动策划阶段，将所有可能用到的物料的种类、数量、尺寸等记录下来，并记录使用时间或制作周期，以及相关责任人。这里最好使用表格来记录，以免出现错漏或者浪费的情况，如表 8-2 所示。

表 8-2 活动物料明细表

项目	名称	数量	尺寸	单价	制作周期	责任人	备注
基础物料	封装胶带						
	剪刀						
	绳子						
	签字笔						
	礼品清单						
	礼品领用表						
	小型储物箱						
	矿泉水						

续表

项目	名称	数量	尺寸	单价	制作周期	责任人	备注
宣传物料	标识牌						
	引导牌						
	宣传单页						
	易拉宝						
设备物料	笔记本电脑						
	扩音器						
	翻页笔						
	插排						

三、活动报名及现场签到注意事项

活动报名时，需要提前告知参与活动的注意事项，例如不建议带儿童参加。

在用户到达活动现场后，应第一时间安排签到。可根据实际情况安排1~2处签到，例如活动设有VIP门票和普通门票，则签到处也应该设立两处。用户签到之后，由工作人员引导入场。

在这一环节，可以让用户加入社群或者添加企业微信客服，以便用户留存。需要注意的是，如果是加入社群，这类活动群一般在活动开始前3天建立，活动结束后3天解散。这样做可以减轻运营压力，对于社群内的活跃用户，可以选择一对一沟通，以便进行及时转化。

四、嘉宾对接注意事项

对于所有需要在活动现场分享内容的嘉宾，都应该提前与其进行内容的沟通和审核，包括分享时用到的PPT、音视频文件等。尽量要求嘉宾分享的内容在活动开始前一周定稿。如果嘉宾分享的PPT等排版不够美观，社群运营者还可以帮助其适当优化。

另外，需要提前准备好嘉宾的介绍词，并取得嘉宾的认可。在活动现场，设置专人来接待、安排嘉宾的座位和出场顺序。

如果条件允许，最好是由专人来对接每一位分享嘉宾，包括前期分享内容的沟通、嘉宾到达现场之后的引导，以及结束之后向嘉宾反馈活动信息等。另外，还可以安排嘉宾进入活动群，与社群内成员进行互动，并做复盘分享，这会极大地提高成员的体验感，对于嘉宾而言，也可以进一步打造品牌形象。

五、活动冷场如何解决

社群线下活动最怕出现的情况无疑是冷场。如果现场出现多次冷场，会给现场用户留下不好的印象，这对于社群品牌而言绝对是沉重的打击。

因此，我们在策划社群线下活动时，一定要尽可能地把各种情况都考虑进去，采取一定的措施避免可能出现的冷场情况。防止活动冷场的方式通常有以下几种。

一是选择有经验的主持人。 对于一场活动，优秀的主持人绝对能起到定海神针的作用，也是冷场的绝佳救星。一名优秀的主持人可以用自己丰富的主持经验、超强的临场发挥能力，想办法调动现场气氛。

二是对于分享嘉宾的内容和演讲能力进行提前审核。 对于线下活动，大部分时间是嘉宾在分享，因此，嘉宾分享内容是否有用、有趣，嘉宾本身的演讲水平是否合格，都是非常关键的。对于一些缺乏演讲经验的嘉宾，可以要求其进行彩排。

另外，需要控制每一位嘉宾分享的时长，必要时可以安排工作人员现场再次提醒。若分享的时间过长，用户久坐之后可能会出现烦躁的情绪。如果活动分享嘉宾数量较多，整体时间较长，则需要安排适当的中场休息。一般而言，一场活动的时长应该控制在 1~2 小时。

三是多准备一些现场互动内容。活动过程中可以准备一些互动内容，例如趣味问答、你比我猜、现场答疑等。根据不同的活动类型，准备合适的互动小游戏，并配以小礼品，这样可以在活动过程中不断激发台下观众的热情。

现场组织、物料准备、活动报名及现场签到、嘉宾对接及活动冷场，是社群线下活动过程中最容易出现问题的五个环节，是我们从策划阶段开始到活动的具体执行，整个过程中都必须时刻关注的注意事项。

第五节　线下活动沉淀成价值内容引爆线上社群

社群运营之所以一定要发展线下活动，是因为其可以为线上社群服务。线下活动影响力的辐射范围有限，所以必须通过整合线上线下，将线下活动沉淀成价值内容，然后借助互联网不断扩大其影响力。因此，成功举办一场社群线下活动并不是结束，而是线上社群运营的开始。这样才能真正通过社群线下活动打破困局，尽可能延长社群的生命周期。

一、社群"沉淀"就是记录优质内容

在线上，我们经常能听到"沉淀"这个词。到底什么是沉淀？应该如何来定义呢？这里我们从社群运营方面来分析。社群沉淀其实就是把社群中产生的高质量内容，包括用户对话、讨论、思维碰撞、声音、图片、活动等都记录下来。记录的内容质量越好、数量越多，价值也就越大。

对于社群运营而言，社群运营者需要随时保持"沉淀"的习惯。不管是用户讨论、文章发表还是活动策划，抑或是任何的音视频内容，都要有记录、保存的习惯。这样留下来的内容，慢慢地就会积累成社群的价值内容，这些沉淀的价值内容的呈现形式可以多样化，甚至可以把价值内容制作成思维笔记、Q&A 手册等。

举个例子：运营者可以把每一场社群线下活动的活动内容、现场照片、用户反馈等整理成笔记，然后借助微信公众号进行推送。我们可以把社群和公众号绑定，每次有新用户加入社群都可以看到公众号上这些沉淀的内容。若他们发现这个社群已经策划了这么多期活动，活动内容以及参与者都是新用户感兴趣的，那么新用户就会在第一时间认可这个社群。

二、线下内容沉淀引爆线上世界

社群线下活动内容沉淀引爆线上世界，可以从以下几个方面来切入。

（一）渠道引爆

在前文讲社群引流 WWACT 模型时，我们说过有一个核心问题，就是我们的社群能够给用户提供什么。事实上，大部分社群能提供的价值内容，并不是一开始就能让用户感受到的，用户感知价值是有一个过程的。通过内容的沉淀，可以让这种价值以一种更加直观的方式呈现给用户，让用户第一时间感知到价值。

这些内容可以在各类推广渠道上被不断地传播，包括媒体、社区、第三方平台（如微信朋友圈、公众号、其他社群、微博，以及各类活动 App 等）、其他渠道等，为社群裂变引流提供资源驱动力。

（二）活动引爆

一场成功的活动往往可以为下一场活动背书，为下一场活动提前树立口碑。社群活动中一个比较关键的问题，就是如何吸引更多的用户参与进来。除了在活动报名阶段，想办法将活动目的、性质、内容，以及参与活动能带来什么好处等内容描述得准确且有吸引力外，将之前成功举办过的活动案例作为背书无疑也是比较有效的一种方法。尤其是想要在不同城市策划相同内容的活动,将其他城市活动沉淀成价值内容,吸引更多用户报名,往往能够有意想不到的收获。

(三)口碑引爆

对社群线下活动的内容沉淀,最大的一个好处就是建立线上社群的口碑和影响力。

对社群活动过程真实地还原,输出有质量的活动总结,既能够引发更多用户对活动的讨论,还能借助线上世界的二次传播,引起用户对下一次活动产生新的期待和关注。对于活动数据的总结,包含参加的人数和活动内容、用户反馈等,可以建立社群运营的专业性和影响力,并为社群品牌塑造注入更多的灵魂。

(四)运营引爆

每一场成功的线下活动,都是在为线上社群注入一次活力:既能为线上社群补充更多的能量,又能通过运营人有意识的节奏控制,实现频繁引爆社群活力的目的。

另外,社群线下活动的举办,能够带来更多的合作机会。例如通过线下分享活动,可以跟更多的知名"大咖"建立更进一步的合作关系,让"大咖"成为社群的合作讲师。

跟各类企事业单位、传统商家等进行业务合作。大部分传统企业,因自身团队结构和运营能力的限制,并没有相应的社群团队。通过合作的方式,和他们一起做线下活动,一方面社群本身能够借助传统企业的影响力,进一步扩大自身的影响力和提高知名度,同时还能引爆到线上;另一方面也能够通过传统实体商家线下网点的支持(例如场地、资源等),为打通线上线下提供足够的助力。

案例：暖石学员同城线下聚会活动拆解

我们通过一个案例，进一步了解社群线下活动的全部细节。

这是一个由暖石发起的社群线下活动，它的主题是"【线下活动】暖石同城线下聚会"。从主题就能得出，这个活动是以提升用户黏性和忠诚度为目的的核心会员聚会活动。因此，参与该次活动的所有成员都是暖石平台的付费学员。

整个活动的时间是从 2018 年 4 月 19 日到 6 月 18 日，前后 2 个月。最终实现的传播效果是：共收到了来自全国 27 个省份、29 个城市、42 支参赛队伍的 174 张暖石同学的合照。可以说，活动取得了非常不错的成绩。

一、活动背景分析

暖石本身是一个学习型平台，上面有各种知识付费的课程。学员付费学习某门课程之后，就会进入对应的学习型社群。暖石平台有这样大大小小的社群数百个。这种以课程学习为目的组建的社群，往往都会面临一个共同问题，就是随着课程的结束，这类社群的生命周期也进入衰退期，活跃度也会降到最低。因此，如何解决这个问题，有效延长用户的生命周期，就成了社群运营人必须思考的问题。

我们通过平时对各个社群的观察发现，在这些社群中，用户除了通过社群学习相关课程，还存在着如信息互换、经验分享、人脉积累等需求。其中，不少用户还希望通过线下见面进一步促进彼此的关系。事实上，已经有不少付费学员通过暖石平台尝试联系同城的小伙伴，组建自己的交流群。

对于暖石平台来说，策划一场社群线下活动非常有必要。一方面是能满足用户需求；另一方面通过线下活动，对于暖石所有的社群来说，都可以起到提升用户黏性的作用。通过线下成员的面基，可以进一步增强用户之间的链接，从而反哺线上社群，提升社群活跃度，最终实现有效延长用户生命周期的目的。

对于暖石这个品牌来说，通过策划社群线下活动，可以佐证暖石的学员是遍布全国各地的，可以最大化地提升其品牌效应。

二、活动机制

整个活动的内容其实很简单，就是社群学员的线下聚会。但是关键问题是，这些学员分布在全国各地，因此我们在策划活动时首先需要确定各个城市线下活动的负责人。活动负责人全部由暖石平台的工作人员来担任，这显然是不现实的。因此，在活动机制上，我们就设计成：由遍布全国各地的暖石学员自行申请成为自己所在城市的活动负责人，暖石平台提供礼品、物料等的支持。

正因为各城市活动负责人是由学员自行申请的，且考虑到大部分学员都是在职人员，因此整个活动的周期才会设定为2个月之久。

以下是暖石对于学员申请成为活动负责人，以及参与活动团队的要求和奖励内容。

申请发起人：我是暖石×××，我代表××城市参与本次活动。

队伍规模：发起人所带团队人数要在11~20人。

奖励：所有发起人，不管所带团队是否为前三名，都会额外获得发起人礼包。

奖励：奖励团队每个人均可获得对应的暖石大礼包一份。

奖励：给所有参与活动的学员加上100分。

要求：集齐11~20名暖石学员，至少5张包含暖石道具的照片。

在这个活动中，我们需要注意以下几点。

（1）线下聚会人数控制：之所以把团队人数控制在11~20人，一方面是因为当人数过多时，对于组织能力的要求就会变高，这对于各城市负责人来说无疑是加大了难度；另一方面人数过多，参与活动的学员会有不好的交互体验，人数控制可以让线下聚会的学员彼此之间的交流更紧密。如果活动参与学员过多，则会裂变成两个或多个队伍。

（2）奖励设置分档：针对活动发起人和学员，分别准备发起人礼包和暖石大礼包，这可以有效激发学员主动申请成为活动发起人，也会促使更多的学员参与进来。

（3）活动要求：明确要求所有参与活动的学员都拍摄现场聚会照片，且照片上必须带有暖石道具，主要是为了社群运营内容得到沉淀。这对于之后的线上社群运营及品牌影响力提升，能起到非常重要的作用。

（4）对所有参与活动的各个城市的各个队伍进行排名。线下活动发起人将活动照片发到暖石社区指定帖子下面，配上简单的文字描述，并根据点赞进行排名，最终评选出一等奖、二等奖、三等奖。获奖团队的每个人均可额外获得活动暖石大礼包。这种机制的设定，可以最大限度地激发学员参与活动，并将活动内容沉淀成文字、照片等记录回传到线上，从而避免了线下活动火热，而线上却是风平浪静的尴尬局面。

三、暖石平台支持

在整个活动中，暖石主要负责提供礼品、物料的支持。

首先，设立了两个与暖石相关的大礼包，主要有台灯、本子、书籍等，分别针对活动发起人和参与暖石活动的同学。

这些小礼品并不是随意选择的。在活动开始前，暖石准备了数十种礼品，然后在社群内发起用户调研，是根据用户的反馈从中精挑细选出来的。这种由用户投票决定的礼品，才是用户真正需要的，而且调研的过程相当于为活动做预热。

其次，暖石还特意准备了暖石手环和暖石条幅，这两件东西更像是植入广告。在前面的活动要求中，至少拍摄5张包含暖石道具的照片，这里的道具指的就是这两件东西。这样每次某个城市线下聚会都相当于是对暖石品牌的一次有效宣传。在活动结束之后，这些内容还能沉淀成社群的价值内容输出，对线上社群的裂变和品牌提升起到非常关键的作用。

当发起人组织起11~20人规模的队伍之后，就可以添加暖石的客服微信，领取暖石的专属手环和条幅。暖石的工作人员会第一时间将道具寄送过去，确保在活动前收到。

四、暖石线下活动分析

纵观暖石的活动可以发现,整体的流程并不复杂,大致分为5个步骤。

(1)由暖石平台发起活动号召。

(2)暖石学员申请做所在城市的发起人,并添加客服微信,获取活动须知和道具支持。

(3)发起人号召所在城市暖石学员参与线下活动。

(4)活动结束后,由发起人整理线下活动内容,沉淀成文字、照片等记录,回传到线上。

(5)对所有城市的所有队伍,根据点赞数进行排名。

以上就是暖石线下活动的全部流程,这个活动最终非常圆满。对于用户而言,线下见面可以满足其信息互换、经验分享、人脉积累等需求,还能收获礼品。对于暖石平台来说,一方面可以有效激发学员的积极性;另一方面通过收获线下学员聚会的照片,既可以成为学员成长记录,也能沉淀成暖石的价值内容,对线上社群裂变和品牌提升起到巨大作用。更重要的是,整个活动暖石所需要投入的成本非常低。用最小的资源投入,实现大规模的社群线下活动,暖石的这次策划做得非常成功。

如何调动成员参与线下活动,又该如何让线下活动的内容作为线上社群的引爆点,是我们在策划这类活动时需要重点思考的问题。暖石的线下同城聚会活动很好地解决了这两个问题,值得我们学习和借鉴。

第九章 社群品牌：IP打造

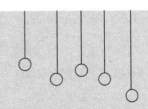

我们说过，社群运营的本质是聚合用户。在信息爆炸的当下，要想提升对用户碎片化时间的占有率，获取"注意力经济"，社群品牌IP的打造就变成了非常关键的一环。

什么是IP？IP最早是指知识产权。在这里，我们用一个比较容易理解的概念来做个定义：IP是指新媒体时代内容的一种跨界经营模式，它的主要特征是多层次、多元化、跨产业、跨业态，对内容价值进行多样化的变现。我们可以简单将其理解为先出名，然后利用名气来变现，甚至可以跨领域、跨行业实现变现。这就是IP赋予我们的最大优势。

社群品牌IP的打造流程可以分为三个阶段：社群运营阶段、社群品牌化阶段、社群品牌IP化阶段。

第一节　社群品牌化阶段如何打造社群爆款

一、社群品牌化阶段的品牌策略

在社群运营阶段，我们已经实现了用户聚合和价值连接。要想延长用户生命周期，最大限度地挖掘用户终生价值，就需要我们通过社群去影响更多的人。在社群品牌化阶段，最重要的就是被更多的人认知、认可，还需要为社群品牌 IP 化阶段做好准备。

社群品牌化阶段，最重要的目的是把社群当作品牌来运营，从而获得识别度和可信度。在具体策略上，是要打造社群品牌活动和社群品牌产品。

（一）社群品牌活动

不管是什么类型的社群，都需要想办法打造属于自己的品牌活动，让别人一看到这个活动，就能联想到其背后的社群组织。这样，社群的生命力才会持久，才更容易被人识别和信任。

比如吴晓波书友会经常用"吴晓波读书会"的名义在全国各地举办线下活动，还会互相分享活动经验，社群的影响力越来越大。

我们在打造社群品牌活动的时候，一定要坚持系列化输出，这样才能让社群形成品牌效应，吸引更多高水平、有共同爱好的人主动加入进来。

我们通过观察可以发现，很多企业做新媒体营销，最容易犯的错误是过度和一味跟风，这样做的结果就是，虽然偶尔能出一个好点子，或者做一次爆款内容，但没有形成话题沉淀。每次都得想新创意、新模式，这样会很累。如果一个品牌没有沉淀，不能形成长效追随效应，是无法吸引忠实用户的。

（二）社群品牌产品

社群品牌产品指的并不是企业提供的产品或服务，而是社群向外交付的价值体现。例如 BetterMe 大本营会以社群的形式对外接关于运营方面的项目，猴子数据分析社群共同撰写的数据分析书籍等。

不管是打造社群品牌活动还是社群品牌产品，其核心都是提升社群的知名度，让用户更容易识别，并进一步培养感情，提升用户对社群的信任度。其中，社群品牌活动更适合企业、品牌主；一些学习型、成长型的社群，品牌活动和品牌产品都比较适用，但是在运营节奏上，通常是先打造社群品牌活动，然后顺势推出相关的产品。

二、社群爆款产生的阶段

社群爆款的产生大致可以分为两个阶段：一是打造社群爆款内容，例如具有影响力的社群系列活动；二是打造社群爆款产品。

（一）社群爆款内容

对于社群来说，要想尽可能延长用户的生命周期，获得更加长远的发展，就必须要有足够优质的内容。在社群运营阶段，优质内容是指社群的价值内容输出，也包括用户互动的内容。

在社群品牌化阶段，社群爆款内容的打造，其核心目的是在社群之外产生足够的影响力，这一内容可以来源于日常运营中的价值内容沉淀，也可以根据社群运营规划及用户反馈等重新创作。

社群爆款内容可以是社群运营过程中的众多栏目之一，例如吴晓波社群的"荐书栏目"；也可以是社群策划的各种线上线下活动，例如 BetterMe 的城市营活动、运营研究社每年的运营人年终活动。只有持续不断输出，并逐渐形成系列化、品牌化，产生足够的影响力之后，才能成为社群爆款。

下面介绍秋叶PPT社群爆款表情包的案例。

社群专属表情包是一种社群文化沉淀后的产物。表情包在互联网世界的传播效益非常高。对于任何一个具有圈层属性的社群来说，一旦形成了某种亚文化，就可以考虑通过制作社群专属表情包来实现社群品牌的曝光。

秋叶PPT社群为秋叶大叔制作了专门的表情包，同时也为社群中具有一定影响力的小伙伴制作了他们的专属表情包。

每当社群成员相互交流时，总会优先使用自己的表情包，这样可以在无形中传递社群文化，让每一个成员都能对社群产生足够的情感依赖。当这些表情包在互联网上传播时，也能在无形中提升社群品牌的影响力。

（二）社群爆款产品

社群爆款产品，简单来说，就是可以为社群带来额外收益的产品。这个产品通常是在社群运营过程中由社群成员共同努力，合力打造的，并能为社群创收。我们可以将社群爆款产品看成是社群向外界交付的一种价值输出。

在众多的社群爆款产品中，最好的输出方式就是付费产品和服务。例如李海峰老师的DISC双证班社群打造的一系列品牌产品服务；我们也可以把小米手机看成是小米社群的爆款产品。

DISC双证班社群除了李海峰老师自己授课，还推出了磨课体系，帮助社群学员打造属于自己的专属DISC课程，并且在全国多个城市推出"DISC一日商学院"，为学员提供分享平台，利用线下讲座帮助学员成长。

另外，李海峰老师还会邀请社群学员一起合作出书。其中比较成功的是《通往幸福的路上并不孤单》，获得了非常不错的评价。

这种帮助学员成长，组织学员一起打造的系列课程、合作出的书，都属于社群的爆款产品。当学员专属的系列课在线上线下持续分享，这些合作出版的书不断获得成功时，社群能量也就会不断增大，社群品牌的影响力也会不断提升。

三、社群爆款打造流程

社群爆款的打造其实就是一个社群品牌口碑的生产、收集和传播裂变的过程。

（一）口碑的生产和收集

社群品牌最重要的是用户口碑，不仅包括社群成员的口碑，还包括社群之外众多目标用户的口碑。因此，我们在打造社群爆款时需要注意以下三点。

1. 根据社群成员的喜好进行创作

如何判断用户的兴趣呢？这需要从社群中用户的日常互动中寻找。看看社群成员都关心什么样的话题，根据他们的喜好来创作社群爆款，这样才能最大限度地激发成员的积极性，提高成员的参与度。

2. 社群爆款需要保持一定的个性化

通常来说，越个性的事物，越能吸引人们的眼球。因此，当社群爆款具有一定的个性化时，就能吸引更多目标用户的关注。

3. 提升爆款质量

一个内容能否成为爆款，一个活动能否形成系列，并产生足够的影响力，质量必然是关键因素。

（二）收集用户反馈

任何一款社群爆款，用户参与越多，反馈的信息也就越多；获得的好评越多，证明爆款的质量就越好，对于品牌的塑造也就越有力。

但是社群爆款不是一蹴而就的，需要社群成员共同努力，并经过较长的时间来打磨。在这个过程中，每个成员都有可能提出自己的创意、意见等。社群运营者需要随时关注成员互动的内容，对打造爆款过程中出现的各种问题、意见进行汇总，然后通过活动的形式，邀请大家一起进行头脑风暴，找出问题的解决方案。

另外，要想知道创作的内容、产品等能否成为社群爆款，最好的办法就是运用MVP（minimum viable product的缩写，意为最小可行性产品）原则。该原则是先用最低的成本制作产品，交付给目标用户，然后不断收集用户反馈，再来迭代、优化产品。

（三）口碑的传播、裂变

最后一步是通过口碑传播、裂变等方式提升社群爆款的影响力。在前面不断收集用户反馈的过程中，社群爆款已经获得了一定程度的传播，并聚合了一部分目标用户。这时候，就需要号召社群所有成员及目标用户全部动起来，为口碑的传播和裂变造势。

1. 利用社群成员的个人影响力

社群爆款是由社群成员共同努力打造的，每个成员对于主动传播、分享都是有一定自觉性的。但是对于社群运营者而言，还需要为他们在传播上提供一定的助力，例如撰写文案、制作海报、汇总用户评价等，让每个成员都有足够的素材去分享。

群主、群管理员等需要以身作则，充分利用自身的影响力。例如李海峰老师会通过官方微信分享每一次线下讲座，并同步扩散到上百个DISC学员群中。

2. 媒体账号宣传

媒体账号对于社群爆款的传播具有不可替代的作用。社群创业者可以借助新媒体渠道对社群爆款进行宣传推广，也可以根据自身的实际情况，选择在一些第三方媒体渠道进行付费推广。在众多媒体账号中，官方媒体的影响力更突出，如果条件允许，可以与官方媒体建立合作，共同推广。

例如李海峰老师的社群，在社群影响力不断扩大之后，他开始整合DISC的学员，在千聊平台上打造系列DISC分享微课，并通过新媒体渠道主动进行付费推广，最终千聊课程专栏的订阅量过万，这对社群成员和社群品牌影响力的提升有巨大的帮助。

3. KOL / KOC

在当下的互联网世界，KOL / KOC[1] 的影响力毋庸置疑。社群创业者可以与他们建立合作，通过付费或者资源互换等方式为社群爆款的传播、推广助力，甚至可以让 KOL / KOC 优先体验，并将他们的反馈整理成文字、视频等进行传播。

4. 权威"大咖"的背书

对于社群爆款产品，可以邀请同领域的"大咖"、专家等来为产品背书。

社群爆款的口碑与社群品牌口碑挂钩，基于社群爆款是由社群成员共同努力完成的，帮助社群成员打造其个人品牌影响力，其实也是在为提升社群品牌的影响力助力。这在一些知识付费、学习型社群中尤为明显。

第二节 社群品牌IP化的途径

当社群运营完成品牌化之后，就需要尝试打造社群品牌 IP 化。在这个阶段，最主要的目的是进一步加深我们与用户之间的情感连接。

要想实现这一目的，最好的办法就是把社群人格化，这样人与人在交流过程中更容易产生情感。

一、社群人格化

这里有一个新的问题，就是如何实现社群人格化？事实上，社群人格化的难度太大了，它比产品人格化、品牌人格化都要困难得多。我们要实现人格化，相当于要融合一群性格、文化水平等各方面都有着巨大差异的人，实现至少精神层面的统一。

所以，我们要换一个思路，社群人格化不是真的要把社群变成一个人，而

---

[1] KOL 指关键意见领袖，KOC 指关键意见消费者。

是利用社群中的某个人，利用他的影响力和人格魅力，来实现社群人格化。当然，这个人也可以是一个完全虚拟的人，比如完美日记的小丸子。

关于这个人的选择和塑造，不同的社群可以有不同的方式。比如一些学习型、成长型社群，最优选择是群主；如果群主不具备足够的背书能力，或者说像一些企业、品牌主一样，不可能将外来的大咖设为灵魂人物，最好的办法就是自己培养，通过不断完善人设属性进一步影响社群，最终实现社群人格化的目的。不管是哪种方式，在选择或者塑造这个人设的时候，我们都需要对其进行一定的包装。

二、社群品牌IP

从社群到社群品牌，再到社群品牌IP，这是社群品牌IP化的路径。最后我们还需要做一件事，就是导入商业模式，因为一个不能变现的IP并不是一个合格的IP。

从这一点来讲，我们在最开始规划社群品牌IP的时候就需要思考清楚，当需要将商业模式导入社群的时候，应该选择哪一种，这种选择依托于社群品牌IP的定位。

有人会问："到底是IP重要，还是商业模式重要？应该先有IP，还是应该先有商业模式？"

事实上，两者都很重要，在先后顺序上，我们的意见是，在战略上，应该先明确社群品牌IP定位，然后再由此来决定采用哪种商业模式。但是在执行的时候，可以先进行小规模的商业模型测试，通过数据分析确定哪种模式可以最大化地提升社群品牌IP的价值。

案例：书友会社群爆款助力吴晓波品牌提升

吴晓波书友会社群在打造社群爆款方面，有很多值得我们借鉴的地方。

吴晓波书友会社群的主要目的是"把喜欢读书的同学聚合在一起,借由一本书、勾连一批人,以价值观聚合之、以价值系之"。吴晓波书友会目前已经发展到遍布80多个城市,建立了数量庞大的书友会粉丝QQ群。为了不断提升粉丝对社群的黏性,吴晓波书友会设置了各种各样的利益点,例如与吴晓波近距离交流、邀请"大咖"嘉宾进行主题讲座、开设"荐书"栏目等,还策划了各种线上线下活动,其中有多个内容栏目和系列活动都可以称得上是爆款。

"同读一本书"活动是吴晓波书友会社群的爆款活动,其主要内容是先通过"吴晓波频道"发布具体书名,邀请有兴趣阅读的成员进入一个新的社群。然后策划每日读书活动,等到书友们读完一本书,就会举行一次线下分享活动。活动最后还会要求所有参与的书友按照要求提交一份书评,通过比较筛选出优秀书评文稿,发布到微信公众号上。根据书评质量和各项数据,评选出季度达人和年度达人,并为他们颁发超值大礼。

"同读一本书"作为吴晓波书友会社群爆款活动,以下三个方面非常值得我们借鉴。

1. 线上线下联动

"同读一本书"活动是一场典型的线上线下联动的活动。在线上,通过同读一本书作为社群运营的共同目标事件,保证社群成员都朝着一个方向前进。无论是社群活动的策划,还是用户互动的话题内容,都能始终围绕目标书籍展开,彼此分享读书过程中的各种心得、趣事,在一定程度上可以有效提升社群活跃度。

每当读完一本书之后,就会组织线下分享会,进一步加强成员之间的联系。"吴晓波频道"公众号还会定期发布活动现场照片和书友感受,让线下活动沉淀成价值内容来不断反哺线上社群。

2. 为成员提供展示平台

要求社群成员撰写书评,一方面可以让书粉得到锻炼写作的机会;另一方面通过评选、排名等手段,可以激发每一个成员的创作热情,其中优秀的内容还可以通过"吴晓波频道"获得更大曝光。对于成员来说，这无疑是提升个人影响力最好的途径。将成员个人品牌与社群品牌进行有效挂钩，可以最大限度地提升社群成员的参与度，以及建立对社群的依赖感。

3. 为社群沉淀更多的价值内容

社群运营过程中，内容输出能否持续？内容质量能否始终优质？这是我们在运营社群进行价值内容输出时非常关注的一点。即便是同读一本书，不同的社群成员也会有不同的读后感，大家可以从各种角度去解读、分享同一本书，然后通过相互之间的交流、分享，彼此碰撞，又可以产生全新的观点。所有的这一切，都可以在一定层面上帮助"吴晓波频道"获得更多优质的、有个性的原创内容。同时，让每一个社群成员都有收获，从而进一步提升其对社群的忠诚度。

"同读一本书"作为书友会社群爆款活动，对于社群运营来说，一方面可以有效激活用户，保证社群的活跃度；另一方面还可以有效沉淀出更多的价值内容，为社群引流、裂变提供更多助力。对于社群品牌的塑造，通过有效关联个人影响力，让每一个成员都来为社群品牌影响力的提升提供能量。

第三节　社群群主魅力人设打造

在之前的章节中，我们说社群人格化不是真的要把社群变成一个人，而是利用社群中的某个人，利用他的影响力和人格魅力，实现社群人格化的目的。那么，具体应该如何包装、打造魅力群主的人设呢？

一、社群常见的人设

首先，我们需要意识到，社群人设的打造是为实现社群运营目标服务的，我们必须明确人设存在的作用。

社群的运营带有较强的业务目标，会更偏向规模化的服务属性，社群人设需要以服务型为主，而服务型人设又跟企业的业务需求、社群目标等紧密相关。因此，在塑造社群人设时，应该基于行业、业务类型、用户需求等来打造，通常可以归纳为以下四种。

（一）导购型人设

这类人设一般适用于有品牌背书的大型连锁商场、企业、品牌主等，例如屈臣氏、沃尔玛、连锁超市等。社群的日常推送以门店活动、会员活动、促销活动为主。群主主要帮助消费者做出购物决策，同时做好回访和售后工作。在用户运营上，主要是根据客户的行为偏好，做好用户标签管理，并有针对性地运营。

（二）福利官人设

福利官，顾名思义，就是为社群成员赠送福利的角色！相较于导购型人设，福利官人设不需要跟用户有太多互动，文案也不需要太花哨，只需要把福利内容展示出来即可，例如瑞幸咖啡的"首席福利官 luckin"。

这类人设更适合高频低客单价的产品，而且基本上都是围绕生活习惯、需求节点来进行推送的，展示的内容优惠多、表现形式多，让用户可以随时随地享受到福利即可，如表 9-1 所示。

表 9-1　首席福利官 luckin 社群推送规划

时间	推送内容
8 点	推送适合做早餐的 0 乳糖饮品和可颂
12 点	一杯秒杀活动 15 元优惠券
14 点	美味下午茶推荐海报，并附上 5 折券
18 点	发送咖啡小知识

（三）种草 KOC

KOC，是企业品牌人格实体化的 IP，看似是素人，是跟社群成员一样的，但实际上他们对其他成员有较强的引导作用。他们通过渗透到用户的社交圈层，与用户建立情感。最典型也最成功的案例就是完美日记的小丸子，其身份背景是一个 20 多岁的女生，爱美食、爱追星、爱美妆，仿佛是一个活在你朋友圈里的美少女。这跟完美日记的消费群体完全吻合。

在日常的运营中，这类人设主要通过跟用户互动来建立足够的情感，让用户对其产生信任，然后通过分享日常内容，在其中植入品牌产品，从而引导用户实现转化。

（四）知识 KOL

这类人设适合在线教育、知识付费等领域。随着社群经济的崛起，这类人设已经打破了行业壁垒，任何具有一定专业知识的行业均适用。例如美妆行业，可以通过讲解护肤知识、美妆产品相关成分的作用等，来传播知识，树立权威，从而获得用户的信任；母婴行业，可以通过做孕妇知识分享来实现转化；汽车行业，也可以通过分享汽车保养、选车等各类知识来提升销量。

以上四种人设是社群中最常见的服务型人设，我们可以根据企业的运营目标来选择。当然，一个社群并不是只能有一种人设，尤其是企业社群，可以是知识＋种草、种草＋福利等多种人设的组合。

社群人设必须具备一定的性格属性，这样才能更立体，让用户产生交流的欲望。因此，我们还可以从性格属性进行划分，例如暖心的、幽默的、正经的、开朗的……

最后，社群人设必须有一个身份。在以往一些规模比较小的微社群场景中，最常见的就是老板、创始人等身份，例如餐饮店老板亲自在社群中跟用户交流做菜心得、推送餐厅福利及唠家常。在这种以个人为主的社群场景中，以群主个人真实身份作为社群人设是最常见，也是效率最高的一种。除了老板/创始人之外，还可以根据行业、产品、社群类型等的不同，给予社群人设不同的身份，例如助理、班主任、导师……

二、如何快速打造社群人设

社群人设的塑造可以用一个简单的公式来完成，即**社群人设＝人设身份＋人设性格＋人设作用/功能**，具体可以分为以下三个步骤。

（一）人设组合

人设组合是指根据实际情况选择适合自己的身份和性格。对于以个人为主的微社群场景，人设身份和性格可以跟自己的实际情况挂钩；在企业社群场景中，可以根据企业的业务逻辑先确定人设身份，然后再确定人设性格，最后基于运营指标拆解社群类型来确定人设的作用或功能。

我们可以在纸上简单罗列社群人设身份、人设性格、人设作用/功能，如图9-1所示，然后根据自身情况进行连线，从而组成社群人设。

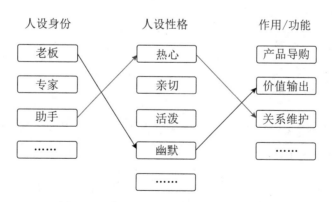

图9-1 罗列人设身份、性格、作用/功能

（二）梳理人设形象

IP打造法中IP符号的传播，落地到社群人设上，其实就是树立人设形象，这可以从名字、形象、标签3个维度进行包装。

1. 名字

首先，名字要容易记，以便在第一时间抢占用户心智。

其次，名字要具备一定的联想作用。如何来理解？例如某社群群主的身份是助理，名字都是××（品牌名）助理-花花。这种名字让人非常清楚群主是为品牌工作的。给人的感受就是，跟群主沟通交流就等同于和品牌交流。

2. 形象

这里的人设形象主要是指头像，以真人生活照为主，这样可以增强亲密感。除此之外，在微信生态下的社群，形象还包括朋友圈封面及日常推送的内容。如果是在QQ社群中，则包括QQ空间等。用一句话来概括，人设的形象主要通过视觉来展示和传播。

3. 标签

社群人设的塑造，其中一个关键要素是人设性格。给人设贴上标签，其实就是让这种性格可以在某个具体的场景中体现出来。例如学习型社群，群主人设性格定位是热情，那么标签可以是：热心靠谱的班长。这样之后每天都让自己贴着标签去做事，久而久之，别人提起你，就会联想到你的标签。标签主要通过个性签名等方式展现。

（三）提升人设个人能力

当我们确定了社群人设之后，就需要展示自己的人设。在这个过程中，有两个需要特别注意的地方。

第一，你的行为模式需要符合人设定位，尤其是身份和性格。例如你的人设性格是热心、开朗，但平时很少在群里交流，这是非常矛盾的。

第二，你需要不断提升自己的能力。要知道人设不管如何定，归根结底都是由具体的、真实的人来支撑的，个人能力对于人设的塑造起到了关键作用。

三、社群人设塑造的注意事项

在塑造社群人设的过程中,有两个地方需要特别注意。

(一)要明确适合自己的人设

我们可以结合企业的业务逻辑和运营目标来确定社群人设。例如,知识付费类社群,人设需要体现专业性;购物类社群,人设需要体现贴心的特点;健身类社群、读书社群,人设需要具备对用户的督促作用。

除此之外,我们还可以从用户的角度来确定。例如在教育培训行业,家长通常会对那些知识丰富、条理清晰、有经验的老师、专家等产生信赖感。我们还可以结合自身的实际优势来确定人设。比如专业知识强的可以是专业型,搜索匹配能力强的可以是贴心型,善于沟通、鼓励的可以是鼓励鞭策型……

(二)一个人带动一群人

我们塑造人设(通常是以群主为核心来打造个人人设)的根本目的是要让用户对社群产生足够的归属感,是为社群品牌 IP 化提供辅助作用。我们在塑造群主人设时,可以通过社群来助力,例如借助群公告、群活动等进行人设形象、标签的展示。同时,通过群主人设影响更多的人,让更多的社群成员对社群、社群文化等产生足够的认同感。

社群品牌 IP 化可以理解为,一个有魅力的群主先带动一部分人参与社群爆款内容、爆款产品的打造,从而吸引更多的人参与进来,为社群赋能。最后,整个社群又能影响更多的人。

第四节　IP 落地用户清单工具

对于大部分的企业、品牌主而言,其本身就拥有属于自己的品牌 IP。在这种情况下，运营社群不需要重新打造社群品牌 IP，只需要思考如何将品牌 IP 落地到社群运营上。在这里提供一个比较好用的用户清单工具表，帮助企业社群运营 IP 落地执行，如表 9-2 所示。

表 9-2　企业社群运营 IP 落地清单

IP 思维	模块	子模块	表现形式
品牌人格化	品牌定位	受众画像	
		行业定位	
	品牌表现	品牌价值观	
		品牌人格图案	
		品牌人格路径	
老板领袖化	身份定位	定位目的	
		个人风格	
	个人仪式感	生活方式	
		个人故事	
		个人知识体系	
		个人公关活动	
服务产品化	岗位匠人制	岗位定义升级	
		岗位内容包装	
		匠人内容输出	
	服务商业拓展	匠人项目独立	
内容自媒体化	产品线规划	高中低站位	
		优劣对比	
		人格化攻防	
	自媒体计划	内容调性	
		社群矩阵	
		内容结构 / 形式 / 排期	
		造势 / 借势	
团队公关化	群主	定位	
		个人仪式	
	群管理	定位	
		个人仪式	
	群助手	定位	
		个人仪式	

一、品牌人格化

相比传统企业，互联网企业在品牌 IP 的塑造上更追求人格化，比如将自己的品牌形象与有生命的小动物联系在一起，例如京东的品牌形象是一条狗，天猫商城的品牌形象是一只猫，苏宁易购的品牌形象是一头小狮子等。大部分消费者对于有生命的东西有着天然的发自内心的青睐和喜好，因此将品牌人格化可以使一个冷冰冰的品牌升级，拉近品牌与用户之间的距离。

品牌人格化的两个关键要素是品牌定位和品牌表现。其中，品牌定位主要取决于企业目标用户画像和行业定位，而品牌表现取决于企业品牌价值、品牌的展示路径等。品牌人格化是企业社群运营 IP 落地的前期工作，需要我们结合企业自身的实际情况来进行微调。对于大部分企业而言，品牌 IP 是已经确定且有一定成熟度的，不需要为了社群运营重新调整。

二、老板领袖化

在用户清单表中，最重要的就是老板领袖化这一板块。私域社群是一项"一把手"工程，企业创始人需要亲自入局。虽然不需要过度操心社群运营的日常维护工作，但是作为社群灵魂人物，可以通过创始人故事聚合和影响更多社群成员。现在大部分的互联网公司创始人都会追求更大程度的曝光，通过个人的人格魅力来吸引更多用户关注。创始人就是企业品牌最佳的形象代言人，例如小米手机的雷军。将企业创始人与品牌 IP 绑定在一起，一方面更容易让品牌 IP 人格化；另一方面也能获得用户的持续关注，更容易建立信任关系。

要想将企业创始人与品牌 IP 绑定，第一步，明确身份定位，身份定位的目的就是把创始人打造成企业品牌的形象代言人。第二步，确定个人风格，每个创始人的风格是不一样的，需要结合自己的实际情况来选择。

围绕个人定位，我们需要做包装。个人包装有两个层面，一方面是形象上的包装，不同风格的个人会有不同的形象；另一个是创始人的故事，通过不断打磨创始人的故事来展示创始人的成长，顺带宣传整个公司的企业文化，从而为社群营销奠定社群文化基础。例如秋叶PPT社群，秋叶大叔本身是一名教师，他说话是典型的武汉口音，戏称自己为大舌头的中年大叔。他经常在直播时被网友调侃，还会频频发生直播事故。但秋叶大叔并没有因此而放弃，还是依然坚持直播。用他自己的话来说，坚持比爆发更重要，一个人为什么还没有成功，往往是因为坚持得不够久。正是这种精神，让秋叶大叔被越来越多的人认同、喜爱。秋叶PPT社群成员也多是被这种精神感动而聚合在一起。因此，如何将创始人的成长历程包装成传奇故事，传递出一种可以被用户认可和追求的精神力量，是个人定位非常关键的一种包装方式。

除了个人风格、个人故事，创始人的知识体系、各种公关活动等也都需要包装。我们看到的那些在公开场合侃侃而谈的创始人，很多是靠包装打造出来的。这中间有一个非常关键的点，就是做一个逻辑性的包装。什么意思？比如有一家餐饮店的老板做了十多年的菜了，对他来说，怎么做菜，怎么做出各种菜系可能是非常容易的事情。但是这都只能算是知识点的输出，而并非知识体系的输出。这中间欠缺的就是逻辑性。通过逻辑让每个输出的知识点形成知识体系，才能最大化地衬托出创始人故事的影响力。

三、服务产品化

如果说品牌人格化和老板领袖化是社群运营过程中解决我们以什么样的身份、背景等进行搭建的问题，那么服务产品化则是真正将企业品牌IP落地运营的关键。社群要聚合一群目标用户，关键是要有一定的价值输出。用户被品牌和老板个人魅力吸引进入社群，之后就需要靠我们的服务来持续影响用户。具体的服务内容可以根据企业业务逻辑来梳理确定。

在服务产品中有一个比较关键的点是岗位匠人制，就是让某个部门的负责人或者关键人成为这个领域的专家，并能向外做疏导。这是服务产品化的操作思路,在一些知识付费社群、学习型社群中比较常见。

四、内容自媒体化

这一部分可以看成是社群栏目化运营的一种。在此基础上,可以结合社群引流部分的渠道选择,将社群价值内容通过各种新媒体渠道进行曝光。

除此之外,也可以基于品牌调性和产品特点做一个媒体计划,通过价值内容梳理、结构形式排版及排期等,确保社群内容的持续输出。

五、团队公关化

如何理解这一点呢?对于大部分社群,尤其是企业社群,其核心目的是实现用户转化。但无论是社群用户生命周期还是产品销售,都会经历一个起伏,而社群用户的个人价值挖掘则没有尽头。

现在有很多做得非常好的社群运营团队,都开始在互联网上分享自己做社群运营的相关知识,包括企业如何搭建社群、社群运营如何实现用户转化等,企业社群团队的部分成员也会经常做一些知识输出,这其实就是团队公关化,即将社群运营团队的每个人都打造成IP,成为网红,形成团队IP的集体作战,在内容输出上不再局限于产品销售,而是分享社群运营经验。这样可以在社群用户生命周期即将走到尽头时另辟蹊径,继续挖掘用户价值,创造出一条新的社群经济之路。

关于企业品牌IP落地运营,就是参照用户清单表来执行。企业可以围绕这张表梳理自己的品牌IP来搭建社群。对于已经拥有品牌IP的企业,在社群品牌IP化的过程中,可以跳过社群品牌、社群品牌IP化这两个阶段,只需要关注社群运营,以及如何实现企业品牌IP落地运营这两件事即可。

第十章 优秀社群运营者的必备能力

第一节　社群运营的第一思维：系统思维

一、什么是系统思维

系统思维可以理解为，根据系统的概念、性质、关系、结构，把对象有机地组织起来构成模型，研究系统的功能和行为，着重从整体上揭示系统内部各要素之间，以及系统与外部环境之间的多种多样的关系、结构与功能。

二、系统思维对社群运营的重要性

社群运营是一项系统工程，任何一种社群战术的执行，都必须协同社群运营管理模块的战略规划，而社群运营管理模型又服从于企业战略规划。这也是为什么本书用了大篇幅介绍社群运营管理 D-TE-MR 模型。在实际工作中，社群运营的很多问题，虽然大部分出现在某一环节或某个节点上，但是想要解决它，却需要去另一个环节或节点上找方案，甚至需要系统性地衡量效益问题。如果只盯着出现问题的环节或节点，问题解决难免会有片面性。

例如社群活跃度比较低，有可能是内容输出环节有问题，也有可能是活动策划有问题，抑或是用户并非精准目标用户。如果我们只是盯着用户活跃这个环节，贸然砸资源、搞促销，很容易得不偿失。

当我们开拓了一个新媒体渠道，然后在上面投放广告进行用户引流，我们会发现，核心指标增长了，但是非核心指标却下降了，请问这时需要继续在该渠道上投放吗？这样的案例还有很多。在实际工作中，有太多的企业、品牌主、社群创业者发现拉新不行，就把所有资源砸到裂变上；觉得转化率低，就策划各种促销活动。整个社群运营没有规划，哪里漏水了就补哪里。这种操作或许在社群规模较小时还能应对，偶尔一两次可能会取得意想不到的结果。但是当社群规模扩大时，这种查缺补漏式的运营策略，一方面必然无法有效地承接整体营销战略的落地，另一方面社群运营无法形成良性的自循环系统，久而久之，社群营销必然走向衰败。

要想真正意义上做好社群营销工作，社群运营者必须具备系统化思维，要对社群运营的战略规划有全局性的理解，而不是只盯着一两个核心数据。

三、如何在社群营销中心贯彻系统思维

要想利用系统思维运营好社群，我们可以从深刻理解社群运营管理 D-TE-MR 模型及社群 SOP 来寻找突破口。

社群运营管理 D-TE-MR 模型的搭建，就是帮助运营者以"上帝"视角多维度地分析社群运营管理的整个过程，明白在不同阶段应该侧重什么，以及为什么这么做。社群运营 SOP 的制定，则用来确保社群运营战术能够有效落地。

通过系统化地管理来降低社群运营的边际成本，提升运营效率，是一项核心要求。其中，执行人员的磨合也是非常关键的一环，因为所有的工作都要回归到人的执行，在特定业务环境中，人的各项技能的熟练程度是影响执行效率的重要指标之一。因此，社群运营必须基于企业业务逻辑和运营目标拆解，设定统一的社群运营"核心目标"。同时，又需要通过社群管理模型将这个统一的核心目的拆分成多个不同的子目标，并将其作为不同运营模块的运营目标。

社群 SOP 是社群管理系统基于企业战略规划制定的战略模块，是通过整个社群运营系统进行落地管控的重要工具。我们可以通过不断地反馈调整、优化 SOP，避免社群运营战略在执行时出现无法落地、脱轨等现象，如图 10-1 所示。

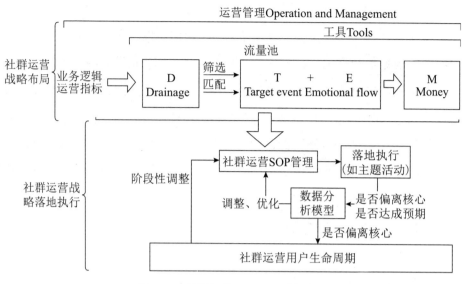

图 10-1 社群运营 D-TE-MR 模型图

第二节 社群运营中的用户思维

社群运营本质上是用户运营中的一种，在社群营销中，要想获得成功，就必须了解用户。我们只有读懂用户、了解用户、顺应用户，才能抓住社群营销的核心。

到底什么是用户思维呢？简单讲就是要学会站在用户的角度思考问题，一切从人性，从用户的喜好、需求和利益角度出发。

如图 10-2 所示，传统思维中，我们在表述产品卖点时，更倾向于描述产品的功能特点，例如某款手机拥有高通芯片、1500 万像素摄像头等。这样的内容描述就决定了，用户需要自己判断该产品是否符合自己的需求。

从用户思维的角度来看，我们需要把其中的关键点提炼出来，站在用户的角度以用户的语言描述产品的利益点，让用户不需要花太多时间来思考，就能直观地感受到"这就是我想要的"。例如"小米手机，就是快！"这样的内容描述就是直接给出产品能够给用户带去的利益点和价值点，一下子就能抓住用户急需解决智能手机卡顿问题的需求。

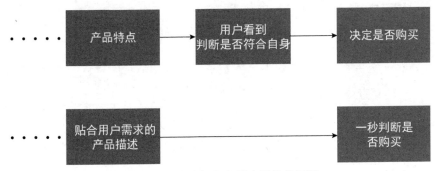

图 10-2　传统思维和用户思维的区别

那在社群运营过程中，我们该如何培养用户思维呢？或者说该如何运用用户思维运营社群呢？

一、定位目标用户

在做社群运营时，我们必须要明确目标用户是谁，他们都在什么地方，关注什么样的内容。我们要从海量的互联网用户中筛选并聚焦目标用户，通过相应的数据分析，进一步分析并找到用户的核心需求。这种需求不仅是功能上的需求，还包括情感上的诉求。这些内容将成为我们社群运营价值内容输出的关键依据。

二、明确用户画像

无论是做活动还是产品，其本质都是吸引用户的目光，进而促使用户消费。既然社群运营所做的一切都是为了用户，那么我们就需要对用户有一定的认知，获得用户画像。因此，我们要走到用户中去，和他们互动、聊天，看他们最关心什么，对我们的产品、服务有什么样的看法，看他们是如何描述我们的产品、服务的。

三、从用户最关心的价值点入手

社群运营过程中最容易犯的一类错误，就是用自己的语言描述社群内容，而没有体现社群内容对用户所能产生的价值和利益。

例如，某公众号文章标题为"××3.0更新公告"，这就是典型的告知型文案，是站在自己的角度跟用户说，我们成立了某个社群、我们的产品有了怎样的更新，事实上，这些内容与用户没有关系。

该公众号另一篇文章标题是"加入××，与有趣的人一起做事"，是告知用户具体的利益点——可以认识有趣的人，还能和有趣的人一起做事，非常直接地把价值点和利益点呈现给用户。在社群运营过程中，这样的文案内容很容易激发用户互动、交流的欲望。

四、持续培养用户思维的敏感度

想要持续升级用户思维，不断培养运营者的敏感度，就需要从以下两个方面入手。

（一）对用户价值点敏感度的培养

在社群运营过程中，要想始终把握住用户价值点，就必须时刻问自己：我们做的社群活动、社群内容等，对于用户而言究竟有什么价值？久而久之，我们就能很容易了解到用户关心的价值是什么，这样每一次策划社群内容或者活动，我们都能很快分辨出来这个活动能否给用户提供价值。

（二）营销敏感度培养

对用户有价值和让用户感知到价值是两回事。如果说社群营销的最终目的是交付价值，那么社群运营的过程就是让用户感知价值。因此，在社群运营过程中，我们需要时刻关注输出的内容能否让用户感受到价值，包括社群内容、活动文案、话术海报等。

再者，用户痛点并不只存在于单一用户身上，而是群体性的。因此，当我们与社群用户互动交流时，需要判断其中的亮点能否被有效利用和扩散。例如，当我们与某个用户交流时，用户反馈说我们某个活动帮助他解决了某个问题，这时候作为社群运营者，就需要深挖背后的故事，将这个故事转变成新的营销素材。

社群作为体验式经济最好的载体，用用户思维来运营社群，其核心就是通过了解用户、认知用户，为用户提供更好的社群服务，让用户获得最佳的沉浸式体验，从而与用户建立深度连接，不断提升用户对我们的信任度。

第三节　社群营销中的会员成长体系设计

如果我们把私域社群比作鱼塘，那么公私域联动的目的就是从公域中不断往私域这个鱼塘引鱼，私域社群要想办法通过提升水质等方式把鱼儿养肥。所以，就私域社群而言，要不断提升流量池里用户的价值。

我们说社群运营的本质是要改变用户关系，关系越深、越牢固，用户的生命周期就越长，可被挖掘的价值也就越大。用户关系变化的最终状态，就是铁杆粉丝或者超级会员。

因此，学会设计社群核心会员成长体系，是用户运营的关键。

一、会员成长体系设计的两大理论知识

一是用户关系理论，即企业可以通过递进用户关系，提升交易效率。关系越深入，交易的效率就越高。这是零售行业要建立会员关系，分销商要建

立合伙人关系的根本原因。

二是特权营销理论，会员与非会员最重要的区别在于，会员拥有非会员没有的特权。换句话说，会员运营的本质是在运营会员的特权感。

以上两个理论是整个会员运营的基础，也可以看作会员体系设计的核心。

二、会员体系设计

私域社群营销中的会员体系设计可以分为以下三个步骤。

（一）会员体系布局

会员体系布局与整个私域流量运营相关联。比如你明确了某私域包括服务号、小程序、社群、App等平台，那么这几个平台都需要有会员管理系统，从而为整个会员运营提供支持。

（二）会员成长体系设计

会员成长体系不仅包括用户从初级会员到高级会员的转变，还包括非会员阶段和最后的超级会员阶段。用户从公域被引流至私域，整个路径大致分为关注加粉—了解—熟悉—购买—复购—转介绍。

私域社群的本质是要改变用户关系，提升用户价值，因此，用户关系的每一次递进都必然伴随着一定数量会员的流失。要想挽留或尽可能提高转化率，关键是要有情感的羁绊。毕竟用户关系的递进，本质上就是企业与客户之间的情感积累。这种用户情感的变化过程，我们也可大致将其分为陌生—熟悉—朋友—粉丝—产品代言人。

明确了这两个路径后，我们需要明确会员的门槛，也就是从哪一步开始，是属于会员的范畴。然后再把会员的等级晋升路径罗列出来。这样就能把整个的会员成长体系用路径图的形式表现出来了，如图10-3所示。

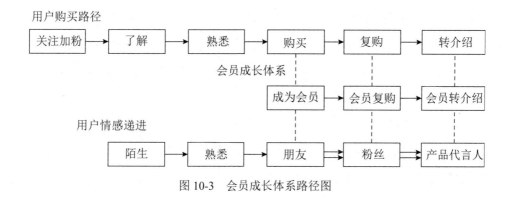

图 10-3　会员成长体系路径图

当然，以上并不是会员成长体系的全部，它只是一个基础。我们需要在上面添加关键的营销内容。前面我们说会员运营的两个基本原则是用户关系理论和特权营销理论，所以，我们可以从用户情感和利益两个方面来进行设计。

一般来说，用户情感设计包括以下内容。

（1）理念设计：企业想要传达的某种文化，或者说会员的意义。

（2）仪式设计：不同等级对应的仪式感设计。

（3）荣誉设计：这里需要注意的是，荣誉设计不只是会员可以享受，还要便于会员分享。

（4）服务设计：不同等级对应的专属服务内容。

……

利益设计包括价格特权、赠品设计、积分设计、奖励设计……

我们在设计时需要意识到：在私域社群运营的不同阶段，用户关系不同，情感浓度也不同，相对应的情感付出和利益设计也不一样。

当用户处于某个阶段的时候，除了对应阶段的情感连接和利益可以享受外，我们还可以让他短暂感受一下下一个阶段的情感和利益，从而激发用户进一步提升的欲望。

（三）会员互动设计

用户情感的培养需要彼此不断地交流。所以，在会员体系设计工作完成之后，就需要设计会员的互动体系。这里的会员互动主要包括两个维度：一个是企业与会员之间的交流，这不仅包括通过微信客服、社群等进行的语言文字交流，还包括反馈体系，如系统消息互动、微信消息互动、积分信息互动等；另一个是会员与会员之间的交流，这方面的交流可以让不同等级的会员看到彼此的差距，这样可以激发低等级会员升级的欲望，也可以让高等级会员更加珍惜自己的会员特权。落实到执行层面，会员与会员之间的交流其实就是设计一个荣誉体系，类似于排行榜、头衔/徽章等。

三、会员体系运营策略规划

完成了会员体系布局、会员成长体系设计以及会员互动设计，我们还需要规划会员体系的运营策略，这可以参考一个核心公式：**用户的终生价值 = 购买频次 × 平均生命周期 × 平均客单价**。具体的运营策略规划，不同的行业、产品会有所区别，但大致上我们可以参考图10-4。

图 10-4 运营策略规划

我们可以将设计会员体系看作设计一张藏宝图，地图上有一个又一个关卡，每个关卡上都有相应的情感和利益设计，通过会员运营策略，在每个关键关卡上基于用户终身价值核心公式对会员展开营销，从而有效提升私域社群的营销转化率。

第四节　社群运营目标拆解

社群运营本身是一项复杂的系统工程，而我们的运营目标贯穿始终。每一个管理模块、每一项活动内容的策划，都有一个非常明确的目标，这些子目标共同组成了社群运营的总目标。因此，要想成为一名优秀的社群运营者，目标管理能力是必须掌握的核心能力。

为了让社群运营各个模块之间能够彼此关联，确保每个子目标都能为总目标服务，使整个社群运营能够有效自循环，因此，目标管理能力的第一要素就是目标拆解的能力。

一、什么叫目标拆解

假设我们的社群运营目标是实现月 GMV（商品销售总额）100 万元。那么我们该如何拆解这个目标呢？有人可能会把这个目标拆成 25 天完成 100 万元、每天 4 万元的目标。这是很多传统领域最常用的方法，叫作任务分配法。但这是拆解吗？不是！这只是拆分，是加减法。说白了只是把大目标拆分成小目标。对于社群运营团队成员来说，面对 4 万元这个目标，他们依然不知道如何下手。

我们首先需要意识到一个问题，真正的拆解，应该是乘除法，其最终落点应该是任务。具体到社群运营工作，就是运营团队成员需要做哪项工作，对哪项任务负责。

当然，到这里还不算目标拆解的全部。事实上，完整的社群运营目标管理能力至少包括三个方面：

目标拆：目标拆分，把目标拆分成最终可以让团队成员执行的内容。

目标解：解决方案，提出可以有效实现目标的运营策略。

目标管理：确保运营策略的有效落地，监督目标执行过程。

二、目标拆解的步骤

目标拆解可以分为以下三个步骤。

（一）找出目标的关键影响因素

假设社群运营的核心目标是产品销售 GMV，那么我们来看看提升 GMV 需要抓住哪些关键因素？

通常来说，GMV 的计算公式是 GMV=UV × 购买转化率 × 客单价。这在电商生态中被称为黄金公式。在社群营销场景下，比如在社群变现环节，UV 是指参与社群活动的目标用户数，这里的目标用户包括新增目标用户和原社群老用户，也就是我们常说的存量和增量；而购买转化率是指目标用户的支付转化率（购买人数/参与活动的目标用户数）。

所以，GMV 的公式调整为 GMV= 参与活动的用户数（UV）× 目标用户支付转化率 × 客单价，当然我们还要加上复购频次，如图 10-5 所示。

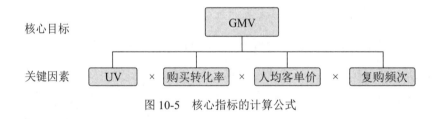

图 10-5　核心指标的计算公式

（二）基于某个关键因素进行二级定位

找出影响核心指标的关键因素之后，我们需要再进一步来看这些关键因素能否继续拆分。比如，UV 还受社群用户规模和社群拉新裂变效果的影响；购买转化率主要受新用户首次购买和老客户的复购的影响。

换句话说，我们对第一步定下来的关键因素进行二级定位，分析这些关键因素受到哪些因素的影响，从而进行拆分，如图 10-6 所示。

核心目标

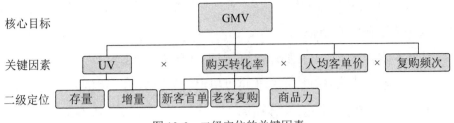

图 10-6 二级定位的关键因素

（三）确定用户触点

明确了影响核心指标的关键因素，同时进一步拆分后，接下来我们就需要把这个指标落实到执行层面，这就是我们常说的运营抓手，如图 10-7 所示。

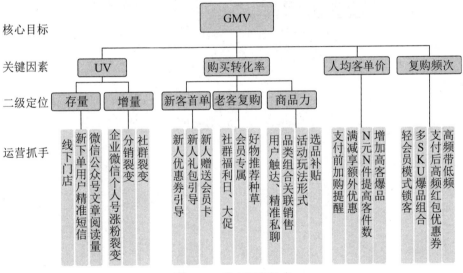

图 10-7 确定用户触点

找到了每个因素下的关键运营抓手，接下来就看如何针对这些抓手制定相应的策略，并将它们落实到执行层面。

（四）运营规划框架的布局

如果说前三步是目标拆解的第一件事——拆分，即发现问题，知道了影响核心指标的因素，那么从这一步开始，就是解决问题，通过相应的运营策略有效提高各项数据指标。

从基本职能上划分，社群运营团队可以大致分为新媒体部、社群运维部、销售部和核心会员服务部。当然也可以根据实际情况进行调整，例如增加内容运营、活动运营、用户运营等相关部门，这些属于采取的具体运营手段。

在社群运营过程中，我们需要通过用户需求分析、竞品调研、数据分析等来调整整体的运营策略。这些是运营的分析工作，也是确保运营手段可以有效落地的战略支持。

总结以上这些内容，我们将运营战略规划框架构建为一个倒三角模型，如图10-8所示。

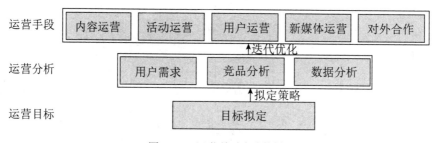

图 10-8　运营战略规划框架

第十一章 社群运营能力的加分项:数据分析

　　作为一名优秀的社群运营者,数据分析能力是一个绝对加分项。它可以帮助我们看透社群的核心数据指标,从而制定相应的运营策略,促使社群完成企业的运营目标。

　　毫不夸张地说,在不久的将来,数据分析能力将是所有运营领域从业者必须掌握的一项技能。

第一节 社群运营数据分析体系的基础概念

要想做好社群运营数据分析,我们的首要任务是搭建一套适合自己的社群运营数据分析体系。社群运营数据分析体系的搭建至少可以帮助我们解决四个问题:制定北极星指标(又称唯一关键指标),量化运营成果,提升运营效率,评价成员绩效。

一、数据指标和数据维度

在搭建社群运营数据分析体系之前,我们需要理解两个概念:数据指标和数据维度。

数据指标: 用来衡量某种行为、某个对象的结果与表现。比如,实现7天引流10万用户,这里面的10万就是一个数据指标。

数据维度: 指切入分析问题的角度,即切入点,也就是所谓的"破局点"。比如,要实现7天引流10万用户,我们可能需要选择不同的渠道进行推广,可以笼统地将这些渠道划分为线上、线下。线上选择广告投放或者进行裂变营销,线下选择跟商业体、实体店、代理商等进行合作推广。在这里,线上推广、线下布局,就是我们为了实现7天引流10万用户这一目标选择的不同维度,也就是破局点。

我们所有的社群运营数据分析工作都要在同一维度上进行。比如你不能拿线上自媒体渠道的数据跟线下代理商合作推广的数据进行比较,两者没有什么可比性。

我们应该是在同一个维度下,比如都是线上推广,筛选出几个不同的线上推广渠道:自媒体软文渠道、短视频广告投放、SEO等。在同一维度下比较不同的线上推广渠道的各项数据转化情况，再结合投入等因素，筛选出一个最优的推广渠道，并进行扩大传播。这样的数据分析才是合理且有实际意义的。

二、关于数据的分类问题

除了理解数据指标和数据维度这两个概念，我们还需要对社群运营过程中可能涉及的数据进行分类。

（一）基于运营流程进行分类

利用社群运营管理 D-TE-MR 模型，我们可以把社群运营工作划分为 3 个板块：引流、社群活跃和变现。我们的社群运营数据也可以按 3 个核心环节来划分：拉新环节数据、活跃环节数据及成交转化环节数据。

（二）基于数据特征进行分类

假如把拉新、社群活跃、成交转化 3 个环节看成是数据维度的话，在不同维度下，我们还可以根据其特征把数据指标划分为 3 类关键数据指标，分别是基础数据指标、转化率相关数据指标及用户行为相关数据指标。

基础数据指标： 指具体的、可直接查看的数据类指标，如广告投放曝光量、社群新增人数、付费人数、活动参与人数等。

转化率相关数据指标： 指需要根据基础数据指标计算得出的，如社群推广的扫码率、活跃用户占比、付费转化率等。

用户行为相关数据指标： 如打卡、发言、评论等，这类跟用户互动有关的用户行为相关数据也可以称为互动类数据。

根据以上数据分类方式，我们可以把整个社群运营过程中涉及的数据罗列出来，如表 11-1 所示。

表 11-1 社群运营过程中的数据

项目	拉新环节	活跃环节	变现环节
基础数据	推广渠道数量	活跃用户数	付费人数
	各渠道曝光量	潜水用户数	客单价
	渠道内内容阅读量	优质内容量、消息量	……
	新增入群数	……	
	新增退群数		
	……		
转化数据	渠道内内容点击率	周期内活跃用户数占比	付费转化率
	入群率	周期内潜水用户数占比	投入产出比
	退群率	……	……
	……		
用户行为	修改群名成员数	发言、评论等互动行为	下单分享等行为
	……	……	二次转化指标等

第二节 社群数据分析体系搭建流程

社群数据分析体系的搭建流程可以划分为 5 个步骤：**设计用户路径图、梳理用户路径上的关键点及数据指标、数据接入、搭建数据分析框架及决策支持**。为了便于理解，接下来通过一个实际案例，详细拆解数据分析体系搭建的整个过程，以及其中需要注意的各种问题。

一、设计用户路径图

我们根据社群运营管理 D-TE-MR 模型，将用户从引流、激活到转化的整个过程画下来，也就是常说的用户路径图，如图 11-1 所示。

图 11-1 是一个知识付费类社群策划的活动,主要目的是推广系列课。活动的大致流程是:首先,在知乎问答这类第三方平台进行活动曝光,当目标用户看到活动海报后,点击其中的链接就可以关注公众号,关注后自动推送客服微信。用户添加好友后可以免费试听一节课程。因为系列课有三门,分别是用户运营、内容运营及社群运营,所以等用户添加微信后,客服会先简单做一个询问,主要目的是给客户打上标签。之后把用户感兴趣的相关系列课的试听链接发给他。等用户听完后,后台系统会自动跳出一个领取优惠券的页面。

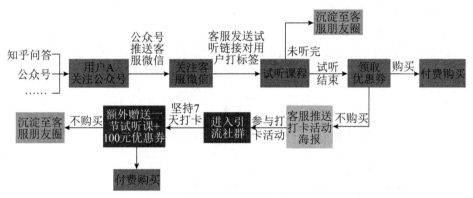

图 11-1 用户路径图

这一步骤会出现两种情况:一种是用户直接用优惠券进行购买;另一种是用户没有下单。对于没有下单的用户,等此类微信好友达到 60 人,就可以建群,将这些用户拉入群中。运营者可以策划打卡活动,只要用户连续 7 天在社群内打卡,就可以再获得一节试听课及一张优惠券。

二、梳理用户路径上的关键点及数据指标

根据用户路径图,我们可以把整个路径简化成下面这些关键节点:**广告曝光、公众号、客服微信、社群及最后的付费下单**。我们把每个环节的基础数据和转化数据分别罗列出来。

（一）广告曝光环节

基础数据是曝光次数，对应的转化类数据是曝光率和内容的点击率。

（二）公众号环节

基础数据有新增人数、关键字消息数，对应的转化类数据是公众号承接率和扫码率。这个阶段还涉及用户行为分析，也就是当用户关注公众号后有哪些行为，比如消息互动、点击下面的菜单栏等。

（三）客服微信环节

主要统计添加好友数，并给用户打标签，这是为后期用户分层做准备。

（四）社群环节

我们可以把这部分细分为三个阶段，分别是**获客期、激活期和留存期**。

1. 获客期

这一阶段需要我们关注的基础数据是入群数和退群数，对应的转化指标是入群率和退群率。需要注意的是，入群人数并不完全等同于客服添加的好友数，因为会有其他主动入群的新用户，还有的用户因为用户分层，去了不同的社群。

在这个阶段，我们主要分析的是入群率和退群率两个指标。

（1）**入群率 = 入群人数 / 入群渠道曝光量**。主要反映了引流的内容是否有足够的吸引力，哪个渠道的曝光效果最好。

（2）**退群率 = 某个周期内退群人数 / 社群总人数**。主要反映了社群内容是否具有价值，是否可以留得住人。

我们还可以进一步分析，什么样的裂变营销活动可以提升入群率；用户退群的原因是什么，在什么时间点退群，如何降低退群率等。

（3）**净增用户数 = 某个周期内新增人数 - 退群人数**。净增用户数是最直接、客观的考核指标，决定了后续用户的规模和运营策略。数据的正负可以帮助社群运营者分析社群处于上升阶段还是下滑阶段，其主要价值在于参考，而非直接得出结论。与其相对应的就是社群累计人数这个指标。

累计与净增的差异，代表着留存和流失，我们可以结合当期的运营行为和某日影响比较大的运营动作进行分析和改进。

我们平时的工作可以通过表11-2来统计，也可以利用第三方工具来统计。

表11-2 社群汇总表

日期	当日入群数	入群率	当日退群数	退群率	累计用户数	净增用户数
7.1						
7.2						
7.3						
……						

2. 激活期

在这个阶段，我们运营的关键是提高客户活跃度。通常来讲，社群的活跃度越高，社群的价值越大，反之，社群的价值越小。我们主要关注的数据有互动率和内容数（包括群内用户互动、社群活动策划、话题讨论等产生的内容总量）。

（1）**互动率 = 当日有效发言人数 / 群成员总人数**。在统计活跃用户数前，社群运营者需要先定义"互动"的标准，例如平均每天至少有一次发言，然后再通过这个标准筛选出活跃用户，得出活跃用户数。

（2）**消息总量和人均消息量**。消息总量指的是一定时期内社群中消息数量的总和；人均消息量是将消息总量除以社群人数而得的数据。

从互动次数指标可以分析出有多少用户参与活动、有多少用户深度参与活动。参与次数多，说明参与程度比较高，那么我们可以进一步分析用户的喜好和群体的互动特点。据此，可以在后续的活动中迭代优化策略，提升运营效率。

（3）**消息的时间分布**。通过统计得出一天内消息的数量分布情况，把活动、分享、推送等内容安排在社群活跃的时间点，从而大幅提高活动参与率和用户积极性，还能提高用户满意度。

（4）**话题频次**。统计一段时间内出现的高频词，主要目的是找出社群群员喜好的话题，从而对群员的喜好进行分析，完善用户画像，使得活动、营销等行为更加受到用户的欢迎，提高社群的收益。

在社群激活期，我们依然可以通过创建表格来进行数据统计，如表11-3所示。

表 11-3 社群激活期的数据

日期	社群名称	值班运营	社群总人数	当日发言人数	互动率	消息总量	人均消息量	消息时间分布	高频词汇
2021.07.01	社群1								
	社群2								
	……								

我们需要关注关键行为及行为转化率。用户在社群内的关键行为包括打卡、内容阅读、活动参与等，这需要我们根据运营策略及共同目标事件来选择。

3. 留存期

在这个时期，运营的难题是提高留存率，因为留住老用户的成本远低于获取新用户成本，最主要关注的数据是留存率。

留存率 = 周期内留存的用户数 / 新增用户数。这里的新增用户数是指某个时间段新入群的用户数留存率的统计，一般是根据天数来定。比如第1日留存率：（当天新增的用户中，新增日之后的第1天还留存的用户数）/ 第一天新增总用户数；第30日留存率：（当天新增的用户中，新增日之后的第30天还留存的用户数）/ 第一天新增总用户数。

所以，简单地讲，统计第N日留存率，就是统计新增用户日之后的第N日依然留存用户占新增用户的比例。我们同样可以用一张表来统计，如表11-4所示。

表 11-4 用户留存率

日期	次日留存	2 日留存	3 日留存	……	30 日留存
7.1					
7.2					
7.3					
……					

在做社群运营数据分析时，我们必须要有一个意识：用户生命周期总会有衰退的时候，用户流失是不可避免的。作为一名优秀的运营者，一方面要能接受用户的流失；另一方面必须深度分析流失的原因，是产品、服务，还是体验方面的原因，进而思考能否通过提供优惠券或高价值内容等措施来召回用户。

另外，留存率也不是唯一的指标，特别是在社群裂变以后，会进入大量的非精准用户，一些用户和我们的价值观不统一。这些用户很难进入下一个阶段，选择适当的放手才是上策。

（五）付费下单环节

这一步最主要的数据指标是转化率。

转化率 = 订单数 / 群成员总数

不同的行业、产品类型，转化率的合理范围是不一样的。比如你不能拿电商行业的平均转化率作为知识付费领域的标准，也不能用快闪群的转化率衡量学习型社群的转化率。

除了转化率，还需要关注社群 ROI（投资回报率），也就是社群的投入产出比，以及客单价（客单价 = 订单总额 / 订单人数）。

社群 ROI= 产出 / 投入，ROI 可以避免过度补贴，投入太大。一般来说，ROI 大于 1，说明可以继续加大投入。

客单价是衡量一个社群营销情况的重要指标，在流量转化都不变的情况下，高客单价意味着高收益，但是客单价并不是越高越好，需要结合社群的实际情况而定。

除了以上5个环节，在实际运营过程中，尤其是裂变类活动中，我们还需要关注分享环节的数据。这主要是测算用户的忠诚度与满意度，因为只有实现用户的裂变传播，才能带来用户的低成本增长。

因此，要区分不同类型用户的比例，从而设计不同的活动，用户也会自发地将内容传播到自己的社交圈子，带来新的用户。做到这一点，社群的运营就形成了一个闭环。

三、数据接入

数据分析体系搭建的第三步，要明确我们该如何获得这些数据，也就是数据接入。

通俗来说，就是要确定你的数据统计工作是人工统计还是利用第三方工具。在社群运营之初，我们可以通过人工进行数据统计工作，但随着社群规模的不断扩大，工作量的不断增大，我们需要借助第三方工具来提高工作效率。现在市面上的工具基本能满足社群运营对所有路径的实时监控，数据也都能导入自己的数据库，不管是基础类数据还是转化数据，甚至用户行为分析、热力图等也都能实现。

四、搭建数据分析框架

为什么要先搭建一个分析框架，而不是直接分析数据呢？因为数据分析的方法太多了。针对某个数据，你用不同的数据分析方法进行分析，可能会得出不同的结论。随着社群规模的不断扩大，数据库里的数据类型、数量等都会达到一个比较庞大的规模。这时候，我们就要学会从这些海量的数据中找出关键数据进行分析，得出跟我们最初的运营指标相关联的结论。因此，对于各类数据分析方法，你未必要掌握全部，但一定要抓住几个最重要的，要明白在哪个环节应该运用哪套分析方法。

搭建数据分析框架的好处，一方面可以提高我们的工作效率；另一方面可以让我们养成一个良好的数据分析习惯。

数据分析框架应该怎么搭建呢？首先我们还是根据用户路径图，继续用前面的案例来说明，整个用户路径可以大致分为广告曝光、公众号、客服微信、社群及付费下单5个关键节点。

针对这个路径，我们可以选择用漏斗分析方法对整个用户路径进行分析。用户从最开始看到我们的广告内容，到最后的付费下单，在整个过程中，每个关键节点的转化率是多少，根据转化率的高低，我们可以针对性地作出调整。

与漏斗分析方法对应的是用户流失分析。通过这个方法我们可以确认流失的是哪类用户，主要是在哪个环节流失的，并进一步分析流失的原因。

以上两种方法，一般是对社群运营的全过程进行分析。针对不同的运营环节，我们同样可以采取不同的分析方法，例如渠道分析、ROI预测、用户分层等。

五、决策支持

社群运营数据分析流程的最后一步是决策支持。决策支持可以分为三个部分：运营策略的制定、贡献度评价及寻找增长点。所有的数据分析，最终的目的都是得到反馈，并帮助我们解决相关问题。

（一）运营策略的制定

通过各种数据分析，我们能够了解运营过程中存在哪些问题，比如我们的话题是否可以有效提升用户的参与度，内容输出是否能让用户满意，社群活动能不能激发用户欲望等；然后进行AB测试，最终制定并沉淀出合适的运营策略。等到扩大运营规模时，就可以直接套用了。

（二）贡献度评价

贡献度评价主要是针对运营者而言的，通过各个环节的数据指标分析，比如社群质量打分、活动效果评估、运营手段评分、社群内成交金额等多个维度计算权重，最终计算出综合得分，对运营者进行评级，如图11-2所示。

图 11-2　贡献度评价

我接触过很多企业，他们在做社群运营的时候，对运营者的绩效考核还是比较简单的，就是用最终的成交金额作为考核指标。但是我们都知道，运营其实是一项系统工程，过程的重要性、复杂性很多时候比结果更重要，如果忽略了这一点，不仅是社群运营无法做大，连社群运营者自身也无法从工作中得到满足感，更不用说能力的提升了。

（三）寻找增长点

这一部分对于一些已经有一定规模的社群来说是最重要的内容了。尤其在流量运营进入留量运营的时代，如何从现有的运营模型中找到新的增长点，包括用户增长、业绩增长，都是最重要和最关键的。而且合理利用我们搭建的社群运营数据分析框架，在框架中运用各种分析方法，找到业务的突破口，也对企业和运营团队提出了很大的挑战。

以上就是社群运营数据分析框架搭建的全部流程，整个过程可以用一张图来呈现，如图11-3所示。

这套数据分析体系搭建方法论，更多的是从用户思维的角度来讲解社群运营的数据分析工作，至于里面涉及的细节，还是需要结合我们最初的社群定位和实际运营策略进行调整。

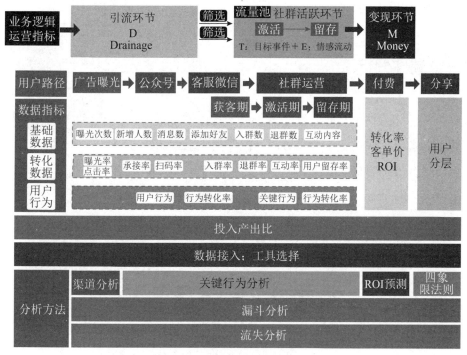

图 11-3 社群运营数据分析框架搭建的全部流程

社群运营本身就属于用户运营的范畴,是离用户最近的地方,而且运营本身不是一个以结果作为唯一评判标准的岗位。因此,这就更加要求我们运营者掌握模块化的工具,通过数据提升专业度,通过辅助判断让每一次的决策更合理,并让整个过程清晰可见。

第三节 最常用的两种数据分析模型

一个优秀的运营者想要获得更进一步的薪资提升,并且有效延长自己的职业生命周期,提高数据运营分析能力是最佳选择。

为了让社群运营者能够更好地提升数据运营分析能力,这里将介绍社群运营场景下最常用的两种数据分析模型。通过模型的分析和运用,帮助各位提高对数据分析的认知,并在实际工作中高效地应用各种数据分析模型,实现数据运营能力的进阶与升级,掌握数据驱动社群运营的精益成长方法。

一、漏斗分析法

基于社群运营场景,在所有数据分析模型中最常用的就是漏斗分析法。这是一套流程式的数据分析方法,能够科学反映用户行为状态,以及从起点到终点各阶段的具体情况。用户从最开始看到我们的广告内容,进入社群内、参与活动到最后付费下单,整个过程中,用户每经过一个关键节点,都能够通过转化率的数值来判断相应节点是否存在问题,从而有效作出调整、优化,如图 11-4 所示。

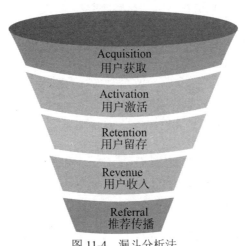

图 11-4　漏斗分析法

漏斗分析法的 4 个关键要素分别是对象、时间、节点和指标。其中,时间指从事件开始(某一行为起)到结束的时间(某一行为止),节点是这一路径上的具体步骤划分,指标一般是指转化率。

不同的对象会延伸出不同的漏斗模型,例如 AARRR 模型、消费漏斗模型、电商漏斗模型、功能优化漏斗模型、AIDMA 模型等。在社群运营场景下,最常用到的是 AARRR 模型和 AISAS 模型。

(1) **AARRR 模型**。从用户增长各阶段切入,AARRR 分别指 Acquisition

（用户获取）、Activation（用户激活）、Retention（用户留存）、Revenue（用户收入）及 Referral（推荐传播）。

（2）**AISAS 模型**。该模型是在 AIDMA 模型的基础上，增加了用户反馈环节。AISAS 分别指 Attention（引起注意）、Interest（引起兴趣）、Search（搜索）、Action（购买行动）和 Share（分享）。

漏斗分析模型在实际运用中可以分为三个步骤：首先，选定一个分析维度，根据用户路径图画出漏斗图；其次，提前选定关键行为（确定节点）；最后，通过数据比较发现问题，并进行分析、调整。

以前面的知识付费社群活动为例，其用户路径图如图 11-5 所示。

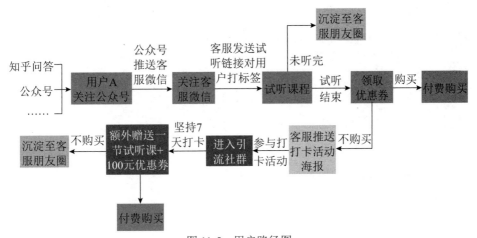

图 11-5　用户路径图

我们从用户路径图中可以看到，从引起用户关注到最终用户下单，中间存在两条路径，分别是：

（1）关注公众号→关注客服微信→试听课程→领取优惠券→付费购买。

（2）加入社群→参与打卡活动→领取优惠券/试听课→付费购买。

两条路径之间存在一定的关联，第二条路径的用户引流入口是基于第一条路径中那些没有付费下单的用户。因此，我们可以画出如图 11-6 所示的漏斗图。

在具体运用分析时，我们可以将以上两个漏斗模型拆分，单独对每个关键节点进行数据分析，从而找到可以有效提升最终转化的关键指标，并进行

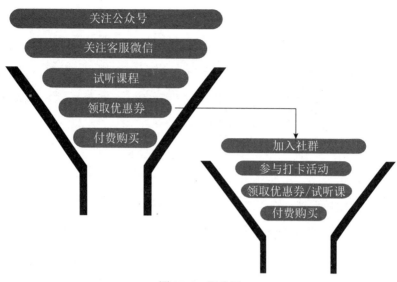

图 11-6　漏斗图

调整和优化。

在使用漏斗分析法时，流程路径越详细越好。通过该模型来优化、驱动社群运营时，需要注意以下几点。

（1）在资源有限的情况下，对于关键数据的分析可以从漏斗的最下层开始，逐层往上，因为放大最上层的漏斗入口，在转化率不变的情况下，最终的转化效果必然提升。与此相对应，漏斗层级越往上走，可能涉及的成本、资源投入也必然会增加。

（2）在分析某一层级数据时，如果要优化某些关键因子，主观可控的关键因子的优先级要高于客观较难把握的关键因子。

（3）对于那些优化后可以提升较大空间，也就是对结果影响显著的因子，则必然要优先优化。

最后，与漏斗分析法对应的是用户流失分析。我们通过这个方法可以定位到流失的是哪类用户，主要是在哪个环节流失的，以及进一步分析为什么流失。如果说漏斗分析法的关注点是在转化上，关注已经转化的用户，那么流失分析法的关注点在于没有转化的部分。但基于社群运营场景，用户流失分析其实运用的并不多见，所以这里就不展开分析了。

二、用户分层

我们在运营社群的时候,之所以要对用户进行分层,目的就是区分不同类型的用户,设计出不同的社群内容、活动,从而实现更好地满足用户需求的目的。

前面已经详细讲解了关于社群用户分层 RFM 模型。除此之外,我们还以利用四象限法则对用户进行分层,可以根据满意度和忠诚度,把用户分成 4 种类型,如图 11-7 所示。

图 11-7　四象限法则

在图 11-7 中,横坐标代表满意度,越往右满意度越高;纵坐标代表用户忠诚度,越往上则越忠诚。例如,我们把用户划分为 4 类,分别是忠实型用户、羊毛型用户、需求型用户及低需求用户。

忠实型用户(高满意度、高忠诚度):每月都会复购,成功推荐朋友购买过 1 次以上。

羊毛型用户(低满意度、高忠诚度):会因为价格实惠而购买,不会进行产品相关推荐,平均客单价低于××元。

需求型用户(高满意度、低忠诚度):对产品需求强烈,品牌忠诚度低,3 个月内无复购。

低需求用户(低满意度、低忠诚度):只购买 1 次甚至无购买过的用户。

我们可以制作一张表格，把这些信息填进去，这样就能区分用户，然后有针对性地采取不同的运营策略，如表 11-5 所示。

表 11-5　用户分层

用户类型	1月					2月	……
	社群1人数	社群1占比	社群2人数	社群2占比	……	……	……
忠实型用户							
羊毛型用户							
需求型用户							
低需求用户							

比如，针对羊毛型用户，我们可以通过组合型优惠、提升客单价，或是以邀请好友砍价的方式进行促销，提升活动流量；针对忠实型用户，可以推荐一些高客单价的单品，提供更加周到的服务等。

在不同类型的社群、不同的社群运营环节，用户分层的维度也可以不同。我们可以根据实际情况，通过不同的指标利用四象限法则对用户进行区分。

案例：如何利用数据驱动社群运营放大用户价值

本节将以实战项目为案例，分析社群运营如何通过数据分析来更加精准地挖掘价值用户，通过数据驱动社群运营实现业务增长的目标。

案例背景：国内某独角兽公司旗下的宠物类社群，该社群在整个企业业务中主要承担用户留存和激活的任务。社群分类主要以城市和宠物品种作为依据。目前该社群在全国拥有20万用户，其商业变现模式为宠物粮食和周边售卖，用户可以通过小程序直接购买。社群运营的主要内容就是引导用户付费下单。目前该宠物社群电商销售额占公司整体销售额的30%。

接下来我们具体看一下,该宠物类社群是如何通过数据分析,精细化地深耕用户价值,最终有效提升用户 ARPU(单个用户平均收入)的。

一、梳理运营流程

与内容运营、渠道运营、活动策划等研究产品整体数据不同,社群用户运营的数据分析关注的是每个用户所处的状态,以及评估用户是否按照我们预设的业务流程发展。我们需要基于社群运营管理 D-TE-MR 模型将整个社群的运营流程画出来,如图 11-8 所示。

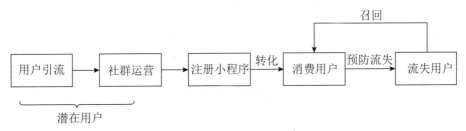

图 11-8 用户路径图

用户在社群中会经历入群、签到、发言、购买、流失等环节。当然,在实际操作过程中,并不是所有用户都会按照我们的预设走完整个流程。各步骤之间存在漏斗状的转化,所有进入流程的用户都会被分割在各个环节。这也是在做数据分析时首先需要根据运营目标画出用户路径图的主要原因。我们需要根据不同状态的用户进行有针对性的运营,这就是所谓的精细化运营。

我们可以把处在不同阶段的用户做一个区分。

(1)新用户:刚进入社群的用户,核心目的就是希望他们能够快速地融入社群,常采用的策略是新手福利包或者欢迎活动。

(2)活跃用户:社群老用户,核心目的是持续提升其活跃度,通过培养用户互动等方式,提升用户对社群的忠诚度。

(3)注册小程序用户:已注册但尚未下单的用户,核心目的是促使用户使用产品,常用策略就是赠送新人注册优惠券。

(4)付费用户：已经在小程序下过单的用户，核心目的就是想办法提高用户的 ARPU 值。

(5)流失用户：在较长一个周期内既不在社群互动，也没有在小程序下单的用户。对于这类用户，需要根据用户画像给出其想要的东西和福利，想办法召回。要知道召回一个流失付费用户比从零开始培养一个付费用户简单得多。

二、用户数据收集和加工

在梳理完用户路径之后，接下来就是要分析运营流程各环节中的用户都有哪些，这些用户有哪些特征等。通过对不同阶段用户的数据进行分析，我们可以更好地了解用户，知道用户的需求。比如社群中某个用户养了一只猫，15 天前曾在小程序上购买过 5kg 猫砂。那么根据产品的消耗速率，大概率可以判断出该用户将会在近期对猫砂产生购买需求。

类似这种对用户特征描述的数据分析，我们称之为用户数据字段。对于社群运营数据分析而言，收集用户数据字段是用户数据分析的起始环节。在之前讲数据分析框架搭建时，第二步就是要梳理关键节点和关键节点上对应的数据指标，这里面就包括用户数据字段的收集。基于社群运营场景，通常我们会收集的用户数据字段包括用户基本数据和用户行为数据这两类关键数据指标。

(1)用户基本数据：包括姓名、性别、出生年月、籍贯、婚姻、学历、手机号等。针对宠物类社群，我们还需要根据用户行为数据推导出宠物类型、收入水平、所在城市等高级信息。

(2)用户行为数据：包括社群内日常的内容阅读、点赞、评论、分享，针对宠物类社群用户行为，还包括小程序上点击的产品、添加购物车的产品、下单、付费、评价等。接下来把用户行为数据制作成表格，可参考表 11-6 来制作。

表 11-6 用户行为数据表格

用户 ID	社群发言内容	发言时间
@小 A		
@小 B		
……		
@小 G		

三、用户数据分析

当收集完用户数据之后,就需要对这些数据进行分析。针对宠物类社群,我们主要运用用户分层数据分析、用户分群数据分析、用户 RFM 价值数据分析以及用户忠诚度数据分析(具体的分析方法可以参考上一节,这里直接放结果)。

1.用户分层数据分析

根据宠物社群业务流程,我们可以将用户层级结构划分如表11-7 所示。

表 11-7 用户层级结构划分

用户层级	触达条件	用户 ID
社群用户	入群	@小 A、@小 B、@小 C、@小 D、@小 E、@小 F、@小 G
活跃用户	30 天内发言超过 50 条 30 天内签到 10 天	@小 A、@小 C、@小 D、@小 F
注册用户	注册宠物商城小程序	@小 B、@小 D、@小 E、@小 G
消费用户	30 天内有购买行为	@小 D、@小 G
流失用户	距离上次购买超过 60 天	@小 B

同时,对各层级用户给出明确的用户行为字段。这样我们可以知道每个用户所处层级的状态,以及找到提升宠物社群交易的具体方向。例如,可以尝试给@小 D、@小 G 提供满额减优惠券,尝试提升他们的购买客单价;给@小 B 提供他曾经购买过的宠物零食折扣券来进行用户召回。

2. 用户分群数据分析

用户分群是对用户分层的进一步补充,是对同一个用户分层内的群体进行更进一步的细分,如图11-9所示。

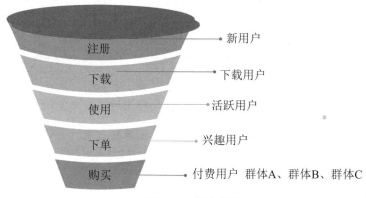

图 11-9　用户分群

以案例中的宠物社群来说明,围绕着付费用户这一层进行用户分群,主要依据包括消费金额、所养宠物品类、用户性别这三个维度进行横向区分,如表11-8所示。

表 11-8　付费用户分群

用户分群	养狗用户/人	养猫用户/人	男性用户/人	女性用户/人
月消费150～300元	60	40	40	60
月消费50～150元	120	80	95	105
月消费0～50元	300	200	205	295

3. 用户RFM价值数据分析

用户RFM价值数据分析,如表11-9所示。

表 11-9　用户RFM价值数据

R	F	M	用户类型	用户ID	运营策略
短	高	大	买的多且频次高、金额高的高价值用户		重点维系用户,提升服务质量

续表

R	F	M	用户类型	用户ID	运营策略
长	高	大	买的频率较高，消费金额较大，但距上次消费时间较久		适当发起唤醒策略，防止流失
短	低	大	近期有一定消费且金额还行，但消费频次较低		挖掘用户消费特征，提升消费频率
长	低	大	近期没怎么来消费，但偶尔来消费的金额比较大		重点召回对象，分析其过往消费记录与需求

4. 用户忠诚度数据分析

用户忠诚度数据分析，如表 11-10 所示。

表 11-10 用户忠诚度数据分析

用户	第1周消费次数	第2周消费次数	第3周消费次数	第4周消费次数	忠诚度
@小 D	0	3	0	1	1.25
@小 G	1	1	1	1	2
@小 B	1	0	0	0	0.5
@小 A	0	0	0	0	0

四、构建用户画像

通过对用户数据进行用户分层、用户分群、RFM 价值、用户忠诚度等数据分析，我们就可以对用户建立一个较为清晰的认知，甚至可以对用户在未来一段时间内可能的行为进行预测。因此，当我们把对用户的认知和预测，以标签、字段等形式进行记录之后，就可以形成可供运营复用的用户画像，从而对运营提供决策支持。

在这个案例中，以用户 @小 B 和 @小 D 为例，他们的画像字段和标签如表 11-11 所示。

表 11-11　画像字段和标签

用户 ID	性别	消费标签	消费总额	宠物类型	最后一次消费时间
@小 B	男	流失用户	2000 元	狗	2018 年 3 月 1 日
@小 D	女	付费用户	1200 元	猫	2018 年 8 月 21 日

是不是觉得这样的用户画像比较简单？因为在这个案例中，其他用户属性标签对于宠物类社群售卖产品没有帮助，所以没有放入表中。虽说用户画像标签和字段内容越多，越能为我们的社群运营提供更好的决策支持，但是这里有个前提，即用户画像是在运营目标下的用户标签集合，只有那些能够驱动业务提升的用户标签和字段才是我们需要放到用户画像里的。

如何判断哪些用户标签和字段是需要放到用户画像里的呢？就宠物社群案例而言，其小程序主要承担用户转化作用，还涉及社群活跃环节，因为社群活跃程度会直接影响最后的转化。因此，在用户画像标签和字段里，我们至少需要补充用户在社群里的活跃情况，如表 11-12 所示。

表 11-12　用户活跃情况

用户 ID	性别	活跃标签	社群最后发言时间	注册小程序时间	消费标签	消费总额	宠物类型	最后一次消费时间
@小 B	男	流失	2018 年 1 月 21 日	2017 年 3 月 1 日	流失用户	2000 元	狗	2018 年 3 月 1 日
@小 D	女	活跃	2018 年 8 月 26 日	2018 年 5 月 3 日	付费用户	1200 元	猫	2018 年 8 月 21 日
@小 C	女	活跃	2018 年 8 月 2 日	未注册	/	/	猫	/

五、数据驱动高效运营

当我们完成了用户的画像之后，就可以更加精准地触达用户，实现业务目标。

（1）我们以@小 B 为例：用户@小 B 已经注册小程序 17 个月，在此期间累计消费金额达 2000 元，其中狗粮 3 袋、玩具 5 个、狗罐头和零食 4 盒，上一次下单购买是在 4 个月之前。

由此，我们可以看出，@小B是一个高价值用户，过去在小程序上的购物相对比较频繁，且金额较大，但是最近4个月却消失了。参考RFM用户价值分析，对于这类用户，我们可以采取的运营策略是：主动唤醒用户，进行召回。例如，通过短信等方式推送给用户一张优惠券，或者针对这类用户策划一场专属活动。

（2）我们以@小C为例：用户@小C，在社群属于活跃用户，但是距离上一次社群发言时间已经超过1个月。通过筛选其互动内容关键字，判断出其聊天内容以养猫为主。对于这类曾经在社群中比较活跃的用户，我们可以推送其比较感兴趣的主题内容，例如"你不知道的养猫小知识"，激发用户@小C的参与。同时，可以推送新手红包给他，引导其注册小程序和消费产品。

其实在一个社群里，像@小B、@小C这样的用户还有很多，因此，在实际运营中，通常是选定多个标签和字段特征，然后对符合这些特征的用户进行精准触达，从而实现更高效的引导。

以上就是通过数据分析来驱动社群运营，更加全面、系统地洞察每一个社群用户，从而实现放大每一个用户的价值。同时，我们通过数据分析还能知道什么样的用户最容易流失，什么样的用户最容易转化成为付费用户，什么样的用户值得我们花足够的精力去召回。通过数据分析，我们在运营社群时可以将有限的资源投入能够产生更高价值的用户身上，让社群运营变得更加高效。

第十二章
从零开始搭建社群运营团队

社群商业模式的高效运行,离不开团队的有效支撑。所有从事社群营销的企业,都需要打造一支能够独立运转的团队。本章将为读者介绍如何从零开始搭建社群运营团队。

第一节　搭建社群运营团队组织架构

当社群规模不断扩大,社群运营从一个社群发展成上百、上千个社群时,社群的管理模式必然需要从去中心化管理向中心化管理转变。只有这样,才能让有限的资源创造最大的价值。

一、社群初期的组织架构

在社群发展的初期阶段,受制于社群规模,组织架构相对精简,只需要保证社群的正常运营即可。这个阶段的社群组织是围绕社群核心人物展开的,不管是内容输出还是活动策划,基本上都是由这个核心人物来牵头并参与。运营团队的职能分工也未必是固定不变的,可以根据实际情况进行适当的调整,只需要保证沟通足够顺畅,且不影响社群日常运营和维护即可。

二、社群组织三层级架构

随着社群规模不断扩大,尤其是当社群营销开始转变为社群矩阵营销时,社群的组织架构就需要作出调整、优化,组织管理也会出现层级化。我们在实战中发现,社群组织架构层级划分为三级,是当下最合适、最高效的一种架构模式。如图12-1所示。

例如,我们可以把社群划分为管理群、核心群、普通群三个层级。其中,管理群主要由社群中的管理员组成;核心群由那些对社群高度认可,平时参与度、互动度较高的铁杆粉丝组成。当社群需要策划一场大型活动时,可以先在管理群进行讨论、交流,明确活动主题、内容等关键信息,再到核心群里，号召铁杆粉丝对活动内容、形式等细节进行讨论。如果中间出现某些问题，可以反馈给管理群，如果没有什么问题，则可以到普通群中执行。在这个过程中，核心群的作用相当于是小范围验证，避免管理群在制定各种社群管理制度、活动策划时出现失误。

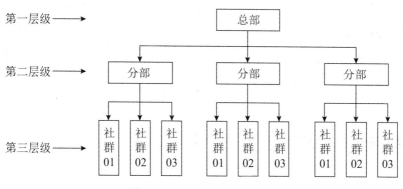

图 12-1　社群组织架构层级划分

对于大部分零售连锁企业来说，在进行社群营销转型时，社群的组织架构模式可以参考三层级的划分。以百果园为例，其社群组织架构如图12-2所示。

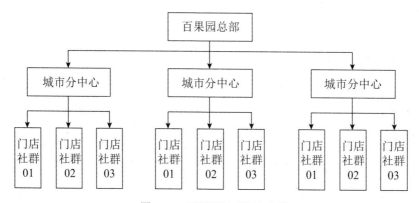

图 12-2　百果园社群组织架构

其中，第一层级总部代表的是百果园集团，主要负责品牌塑造、广告营销及对各个分中心提供各种资源支持；第二层级主要是以城市为单位划分的各个分中心，主要是策划各种线上线下主题活动、会员福利、门店物料支持，以及产品物流配送等；第三层级以门店为单位建立社群，一个门店就是一个社群，主要负责社群日常的运营维护、产品配送、活动信息推送及售后服务。

社群组织三层级架构的划分依据，可以根据企业的实际情况来定。例如第二层级可以以城市为单位进行划分，也可以根据产品类型进行划分。整个社群组织架构既包括中心化管理模式，也包括去中心化管理模式；既可以把每一个社群看成一个独立的经营部门，也可以把第二层级中的每一个单位看成一个独立的经营部门。第一层与第二层主要是为第三层提供服务的部门，第三层主要承担流量承载、运营、维护的工作。

三、如何保证社群组织架构更稳定

当社群运营团队组织架构划分为三层级之后，我们如何确保整个组织架构能够更加稳定、高效地运转呢？其中的关键是控制与赋能。

在社群组织三层级划分中，每一个组织的中心与节点之间的关系都是赋能与控制的关系。中心通过赋能节点获得对节点的控制，赋能越多，控制也就越强。各个节点通过获得中心的赋能而成为分中心，运营上自治、管理上受控。

总部主要控制如下关键物料和关键资源。

（1）品牌：包括平台品牌、产品品牌、个人IP等。社群营销中品牌的作用毋庸置疑，因此，总部必须将品牌掌握在自己手中，同时需要为品牌塑造和推广负责。

（2）产品：包括供应链、交付与服务、核心技术等。产品往往是社群营销转化的关键，因此对于产品品质等各方面的把控，必须要由总部来负责。

（3）IT系统：主要包括营销工具、客户数据、推荐关系等。

（4）服务：主要包括售后服务、支持服务、培训体系等。

（5）资源：主要包括流量资源、营销资源，如品牌营销、广告投放、媒体资源等。

由总部赋能的内容主要包括以下内容。

（1）经营授权：允许各分部、分中心、门店在一定范围内自主经营，包括组织、策划社群活动等。

（2）客户保护：保护各分中心、门店的客户资源，主要是指由社群裂变引流来的新客户，该类客户未来的所有收益都会跟社群产生一定的关联。

（3）模式赋能：在运营过程中，各个社群如果能够做出创新，包括销售模式创新、裂变引流方法创新等，可以根据实际情况授权各社群具体执行。

（4）运营赋能：例如秋叶PPT社群，秋叶大叔会鼓励成员去成立自己的独立运营微社群，这些社群均由用户自己去运营和管理。

（5）分配规则：各个社群创造的利润，总部和分中心根据一定的比例进行划分，这样可以最大限度地激发每个社群的营销转化。

当社群规模扩大到一定程度时，管理权限下放是必然的。对于企业来说，如何下放管理权，如何把握控制与赋能的具体内容，是社群组织架构能够高效、稳定运转的关键。通过对关键资源、关键物料的把控，以及对各个社群的关键管理人员的培训，既能保证各个层级的工作正常开展，从而对各个社群的日常运营和维护提供足够的支持；同时，又能让所有社群的运营发展始终不偏离主线，让所有社群成员始终保持对社群文化、价值的认可，从而有效提升企业社群营销的势能。

第二节　如何划分社群营销团队职能

为了更好地促进社群营销过程中的用户服务和成交转化，除了需要搭建一套合理的社群组织架构，对于社群运营团队而言，还需要进行合理的职能划分。让每一个社群运营者都能清楚自己需要做什么，为什么这么做，目的是什么，这样才能保证整个团队始终朝着同一个目标前进。

社群营销团队的岗位划分，主要是指根据企业业务流程梳理和运营指标拆解，以及社群发展的不同阶段对职能进行不同划分。

在社群运营发展初期，社群规模相对较小时，整个社群运营从用户引流到用户激活，再到最后的成交转化，往往只有一名社群运营专员来负责。这时候，整个社群的核心人物只有两个：群主和运营专员。前者主要负责用户引流和内容输出，后者主要是维护社群的日常工作，包括用户信息收集、简单的社群活动策划、促进用户交流、活跃气氛等，相当于同时兼职客服、活动策划、用户沟通等工作。

当社群发展到一定规模时，社群营销团队的组织架构就需要相对完善了，在具体岗位的职能划分上也会更加细致。具体的划分方式，我们可以根据社群运营管理 D-TE-MR 模型来设计。

在社群运营管理模型中，社群运营可以划分为 3 个环节：用户拉新环节（D）、用户激活环节（TE）和社群成交转化环节（MR）。同时，社群运营本质上是要实现用户关系从潜在用户到铁杆粉丝的递进。因此，我们可以把营销团队的岗位划分为四个部门：新媒体部门、社群运维部门、销售部门和核心会员服务部，如图 12-3 所示。

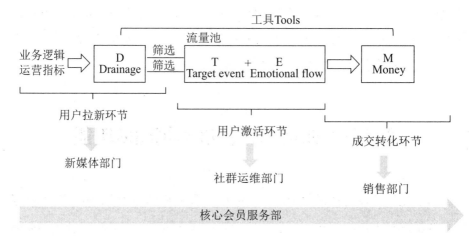

图 12-3 社群营销团队的部门

新媒体部门主要的职责是利用内容、活动等在公域流量池通过自媒体、新媒体等渠道进行目标用户的引流。我们可以用内容持续影响潜在客户，打造自媒体账号，提升平台影响力。

社群运维部门主要负责社群运营的日常工作，包括用户信息收集与沟通交流、社群价值内容输出和活动策划、社群内容沉淀和整理等，主要目的是有效激活用户，并与用户建立情感连接，最终实现用户关系递进。

销售部门主要负责社群持续成交转化，促使更多用户转变为核心会员，同时做好售前、售后等服务。

核心会员服务部主要对核心会员和铁杆粉丝负责，通过线上线下、一对一沟通等方式，持续影响会员升级，同时有意识地将会员用户培养成企业的铁杆粉丝。

除了以上4个核心岗位，如果条件允许，还可以增加数据分析岗位或部门，主要负责社群运营中的各项数据收集、分析工作，为社群运营各环节提供更多的决策支持，帮助社群营销模式迭代、优化。

需要注意的是，社群营销部门需要随时与企业内部其他部门进行沟通、协作。当社群营销达到一定规模时，可能需要成立专门的项目部，对社群运营各项事务制定SOP（标准化流程）。这样一方面可以让社群运营各项具体事务的进程情况可视化；另一方面可以有效提升与其他部门的沟通、协作效率。

第三节　如何设置社群运营KPI

一、社群运营管理是否一定要设置KPI

虽说社群运营应该侧重过程，因为对于一些规模相对较小的社群，过度追求社群运营KPI，会降低社群的工作效率，更严重的还会对社群的活跃氛围产生一定的影响，引发逃离社群效应，但对于一些规模较大的社群来说，不设置社群运营 KPI，则意味着难以运营。

我们在设置社群运营 KPI 时，首先要清楚社群的实际需求。社群运营本身存在生命周期，在不同的时间段、不同的社群属性等背景下，运营目标也会不同。

有些社群以项目驱动，通过产品质量来判断是否符合目标要求。每个人都清楚自己需要做什么，如何才能实现目标。这类社群就不需要 KPI 来作为辅助手段。例如秋叶 PPT 社群合作开发在线课程，就是以各种课程的最终质量和收益来作为回报，因此并没有设置 KPI。

有些社群以组织活动为侧重点，工作团队需要通过对目标管理制度来提高执行力，并有效控制成本，这类社群就需要设置 KPI 来辅助社群运营工作的开展。

总而言之，我们需要意识到：社群运营 KPI 的设置，是作为社群运营目标实现的一种工具，是社群战略目标进一步细化和发展的辅助手段，KPI 的设置最终是服务于社群发展目标的。

二、社群运营的 KPI 分类

社群运营 KPI 可以分为两大类：结果导向型 KPI 和过程导向型 KPI。

（一）结果导向型 KPI

结果导向型 KPI 包括但不限于用户新增量、转化率、复购率、活动参与度、朋友圈点赞数等。在这些指标中，用户新增量、转化率和复购率这几个指标是社群运营最关注的。

1. 用户新增量

用户新增量主要指社群用户增长率或者私域流量池用户规模，这是大部分社群运营的基础指标。社群只有源源不断地涌入新用户，才能始终保持活跃，不断发展壮大。

社群运营不能只盯着用户新增量，如果过于侧重这个指标，很有可能导致社群运营偏离目标，可能会采取过度的手段导致大量无效粉、"僵尸"粉关注，这对社群运营来说是一种灾难。对于社群营销而言，用户精准度要比用户规模意义更大。

2. 转化率和复购率

在社群变现环节，最重要的 KPI 指标就是转化率和复购率，这也是大部分商业社群最关注的数据指标。转化率高就意味着社群运营能有回报，复购率高就意味着这份回报可以更稳定、持久。

（二）过程导向型 KPI

过程导向型 KPI 包括但不限于活跃度（活动参与度）、群活动频次等。

1. 活动参与度

很多时候，一场社群活动，用户是否愿意参与、参与情况如何，是我们评判活动质量的重要依据，同时也是社群用户活跃度最有力的体现。

2. 群活动频次

社群持续组织、策划活动，可以体现社群组织运营的能力，也是激活用户最有效的手段，能持续保持用户对社群的认可度。

三、有效驱动社群运营进行目标管理

KPI 本身具有非常明确的结果导向，但是 KPI 并不是社群运营的目的，而是驱动社群运营进行目标管理的手段。我们在设置社群 KPI 时，需要结合社群运营的实际情况进行灵活调整。

在不同的运营环节，我们需要侧重的 KPI 指标不同，这个侧重的指标就是我们常说的北极星指标。通过对这个关键指标的考核，再辅以其他相关指标，可以有效驱动整个社群运营进行目标管理。

例如，在社群拉新阶段，需要以用户新增量为主要考核指标；在社群活跃阶段，我们需要把更多的精力转移到用户身上，这时候就需要先把"转化率""复购率""传播力"等指标放一放，把重心放在"用户需求""用户激活"上，例如可以把用户活动参与度、活动频次等作为重点考核指标。

当社群运营到一定阶段的时候，用户活跃度和黏性都达到一定程度，我们就需要注重挖掘KOL（关键意见领袖）的数量及影响力，看他们能够带来多少转化。因此，在社群变现环节，需要以转化率和复购率为考核重点。

需要注意的是，社群运营KPI不应该由团队的上级独自设定，也不能搞普遍化的绩效考核，应该针对不同的环节、不同的运营工作内容等，由社群运营团队经过讨论达成共识而形成。这样才能最大限度地激发社群运营人员对于KPI设置的认同，才能让每一个成员都能积极发挥自己的能动性，为社群运营目标的实现做出努力。

第四节　如何制定社群运营SOP

一、社群运营SOP制定步骤

社群运营SOP的制定可以分为以下三个步骤。

（一）明确社群目标

制定社群SOP的第一步是结合企业业务逻辑和运营目标，尤其是运营目标来进行。运营目标不同，社群SOP的框架也不同。

（二）根据目标打造实现路径

当明确了社群运营目标之后，我们需要根据这个目标设计具体的实现路径，这个路径代表了 SOP 的整体框架。在设计过程中需要把握一个原则：必须追求每一个动作、节点等都能有明确的数据统计和预期效果评估。

某个社群的核心目标是产品销售，其基本的运营路径是：引流入群—入群欢迎—咨询解答—内容输出—转化变现。我们可以根据这个路径设计合适的执行流程方案。这个方案内容至少包括用户话术、剧本、活动资料包、执行人、监督人、整体的进度完成表等，甚至可以更进一步进行细节上的补充，如用户话术的使用表、执行日报、周报等。举个例子，美妆类产品社群运营 SOP 至少需要包括产品使用说明文档、接单形式、活动优惠方案、一对一追销、具体社群引流措施，以及社群后期是否需要解散、什么时候解散等。另外，如果有线下实体店，还需要包含客户到店核销情况、售后跟进服务等。

扫码获取社群运营 SOP 制定实例

（三）持续优化社群 SOP

优秀的社群运营团队不仅要有能力设计 SOP，还要有能力根据实际业务和各种反馈，不断迭代、优化 SOP。具体的方式是：梳理整个 SOP 的流程，统计每个节点的实际运营数据、效果反馈等，并和预期效果评估目标进行比对，如果存在差距，就进一步找出其中的关键数据。我们可以先把能够影响这个关键数据的因素罗列出来，然后分析可能的原因，接着通过测试来不断优化，最后找到一种合适的解决方案。

例如，社群新增用户 SOP，根据这个标准化流程去执行，结果发现用户新增效果不佳。那么通过流程梳理可以发现，在用户引流环节最有可能影响指标的因素可能包括渠道选择、文案曝光，以及具体的引流文案、话术等。我们可以尝试改变具体的内容，比如修改引流话术，看是否可以有效提升社群新增用户数。

另外，对于社群运营而言，我们务必要重视群内用户的反馈，毕竟社群运营的核心是"人"，社群营销的关键因素必然是用户关系，群内成员的信任和认可是我们社群运营的主要目标。当社群内有成员对我们的流程产生怀疑或反馈某些信息时，我们必须要重视起来，并以此为依据优化我们的社群 SOP。在这个过程中，对用户反馈的重视程度要大于对数据指标的重视程度。

二、社群运营 SOP 四张表

在社群运营的实操过程中，不同类型的社群、不同的运营目标，有可能会产生各种 SOP。但不管怎么变，本质上就是 4 个表格：社群规划全流程 SOP、社群基础搭建 SOP、社群运营增长 SOP 及社群日常维护 SOP，如表 12-1～表 12-4 所示。

表 12-1　社群规划全流程 SOP

流程	项目	细则
第一步	群定位	方向、目的
第二步	内容规划	群规范
		内容输出
		产品输出
		价值观输出
		互动内容
		服务
第三步	人员管理	强 IP
		核心用户
		氛围组
		普通成员
第四步	社群激励及价值	产品价值
		物质价值
		精神激励

表 12-2　社群基础搭建 SOP

序号	运营项目	执行具体内容
1	社群拉新	A. 加强进群的吸引力，增加附加值
		B. 激活老社群
		C. 渠道投放获取新流量
2	社群留存	A. 社群签到打卡
		B. 社群知识宣导
		C. 社群价值内容输出
		D. 社群班委制度
3	社群转化	A. 新人进群转化
		B. 日常期销售转化
		C. 活动期销售转化

表 12-3　社群运营增长 SOP

序号	项目	内容说明
1	社群分类定位	鱼塘群：增粉活动中做流量承接；免费群无门槛
		中转群：鱼塘群对商家的作用较小，需要刺激可消费用户到中转群；中转群购买低价引流款进入
		核心社群：漏斗式筛选用户到核心群，制定购买标准来运维；核心群购买满××金额可办理会员卡
2	社群组织架构	社群等级：普通会员（潜在、意向）、初级会员、核心会员、分销商
		社群活动：每晚 8 点社群提醒签到；每周二晚推送秒杀活动信息；每周五晚【上新投票】；创始人主题分享
		社群成员特权：优惠信息抢先知道；不定期免费试吃；新品半价尝鲜；吃货线下沙龙；全场特权折扣
		标签管理：社群成员专属标签；活动标签；产品购买标签；便于查看用户留存、转化、活动参与情况
		模板消息：利用标签针对性地推送活动信息
3	社群名称	体现社群核心定位、社群目的

续表

序号	项目	内容说明
4	社群群规	A. 在建群最开始就确立并执行社群的基本管理规范是一个社群良性发展的基础 B. 在建群一开始就要经常性地重复，这样后期成员才会主动维护
5	社群群员	强IP 核心用户 氛围组 普通成员
6	群成员昵称	统一格式

表12-4 社群日常维护SOP

时间	内容	互动	备注
新人入群	企业微信设置好欢迎语、最新活动链接（小程序）		
防骚扰	企业微信群配置防骚扰规则		
9:30~10:00	天气情况+行业新闻早报	每条固定的宣发结构： 1. 日期、天气 2. 行业十大新闻 3. 一句话的互动，生动的语气告知注意事项等 4. 要固定话术	让用户养成查看群消息的习惯
12:00~13:00	每日分享：热门话题	每日固定输出一个用户感兴趣的社群后台检测点击量最高的视频/干货	在群内建立价值感、信任感，强化用户对社群官方的感知
18:00~19:00	晚间分享	根据搜到的素材进行文案的编辑，通过生活场景分享拉近用户间的距离，提高用户黏性	

续表

时间	内容	互动	备注
其余时间		不定期地分享，注意不要打扰到用户，让人反感	主要用来凸显社群的价值
互动小技巧：文案不要一次性全发出，保留互动时间，间隔1~2分钟，展现形式为图片+文字+链接			
社群互动	成语接龙游戏，恭喜结对的群友；鼓励晒单，激发用户的积极性		

除了这4张表，针对社群运营中的活动内容策划，还可以加上一个社群活动 SOP。

我们在具体执行社群运营的时候，正是围绕这4张表格开展工作。SOP 流程的梳理和制定，可以保证我们的社群运营策略高效落地。

三、社群制定 SOP 的注意事项

大部分公司为了实现规模化增长，必然要不断追求更标准、更精细的 SOP。运营人特别喜欢运用 SOP 来降低成本、提高工作效率。因此，绝大部分做社群营销的企业都对 SOP 有着非常强烈的依赖感。但从用户的角度看，SOP 下的社群并不是用户喜欢的。越来越多的用户讨厌套路，甚至对套路的识别能力越来越强。两者之间可以说是天然存在矛盾的。

要想解决这个矛盾，我们必须意识到，社群运营 SOP 的制定是为了有效提升工作效率，是为社群运营目标的实现而服务。社群运营最关键的是用户，是"人"。当一个 SOP 在具体执行过程中与用户产生矛盾时，我们应该适当抛弃标准化流程，用一种更能感动用户的行为来替代。总而言之，社群营销应该有属于自己的 SOP，但绝不能过度依赖。